世界技能大赛酒店接待与餐厅服务系列教材编委会

◆ **丛书学术专家委员会主任委员**
  姜　红　上海商学院酒店管理学院

◆ **丛书总主编**
  杨红波　云南旅游职业学院
  董　佳　灏悦程信息科技南京有限公司

◆ **丛书副总主编**
  李　舟　暨南大学深圳旅游学院
  苏东平　烟台科技学院
  田芙蓉　昆明学院
  陈韵竹　灏悦程信息科技南京有限公司

◆ **丛书编委（排名不分先后）**
  栾鹤龙　贵州水利水电职业技术学院
  吕　静　深圳职业技术学院
  宋志培　上海商学院
  连雨沁　上海商学院
  张　媛　郑州旅游职业学院
  马小骅　贺州学院
  林　赟　汕头职业技术学院
  吴阿娜　哈尔滨职业技术学院
  陈冬梅　广州科技贸易职业学院
  吴臻珍　灏悦程信息科技南京有限公司
  朱琪鸣　武汉茶咖食品科学研究院
  张岳天　YEAH青伴教育
  谢乙玮　云南旅游职业学院
  寸海梅　云南旅游职业学院

世界技能大赛酒店接待与餐厅服务系列教材

酒店接待服务知识大全
RECEPTION （VOLUME Ⅰ）

（上册）

著 ◎（奥地利）彼得·韦尔夫尔
　　（奥地利）因内斯·魏森施泰纳-威斯勒
　　（奥地利）克里斯汀·鲁茨
　　（奥地利）恩斯特·霍姆
主　译 ◎ 杨红波　吕　静　吴阿娜
副主译 ◎ 马小骅　陈冬梅　谢乙玮

中国·武汉

图书在版编目(CIP)数据

酒店接待服务知识大全.上册 / (奥)彼得·韦尔夫尔等著；杨红波，吕静，吴阿娜主译.
—武汉：华中科技大学出版社，2023.7
ISBN 978-7-5680-9855-7

I.①酒… II.①彼… ②杨… ③吕… ④吴… III.①饭店—商业服务—基本知识 IV.①F719.2

中国国家版本馆CIP数据核字（2023）第134497号
湖北省版权局著作权合同登记　图字：17-2023-159号

版权声明

Rezeption
ISBN：978-3-99033-828-5
1. Auflage 2021
Copyright @ 2021 by TRAUNER Verlag + Buchservice GmbH
Köglstraße 14, 4020 Linz, Austria
Title of the original German edition
Printed in Austria

酒店接待服务知识大全（上册）
Jiudian Jiedai Fuwu Zhishi Daquan (Shangce)

（奥）彼得·韦尔夫尔
（奥）因内斯·魏森施泰纳-威斯勒　著
（奥）克里斯汀·鲁茨
（奥）恩斯特·霍姆

杨红波　吕静　吴阿娜　主译

策划编辑：	王　乾
责任编辑：	王　乾
封面设计：	廖亚萍
责任校对：	张会军
责任监印：	周治超
出版发行：	华中科技大学出版社（中国·武汉）　电话：（027）81321913
	武汉市东湖新技术开发区华工科技园　邮编：430223
录　　排：	孙雅丽
印　　刷：	武汉市金港彩印有限公司
开　　本：	787mm×1092mm　1/16
印　　张：	12
字　　数：	267千字
版　　次：	2023年7月第1版第1次印刷
定　　价：	98.00元

本书若有印装质量问题，请向出版社营销中心调换
全国免费服务热线：400-6679-118　竭诚为您服务
版权所有　侵权必究

提示

未经 TRAUNER Verlag + Buchservice GmbH 有限公司书面许可，摘录使用文本和图像也违反版权法。尤其适用于课程文档和电子系统中的复制、翻译或使用。

本书中使用的商标、商号和通用名均已注册。如果未特别注明，则适用于相应的保护性规定。

本书所有信息已在我们的知识和能力范围内得到了检查和审核。但是作者和出版商均不对因使用本书而造成的任何损害承担责任。

本书在中国（包括香港和澳门特别行政区、台湾地区）的版权属于灏悦程信息科技南京有限公司，本书所有内容包括但不限于文字、图片、声音、录像、图表、标志、标识、商标、商号、域名、版面设计、专栏目录与名称、内容分类标准及多媒体形式的新闻、信息等，均受中国相关法律及适用之国际公约中有关著作权、商标权、专利权及/或其他财产所有权法律的保护，为灏悦程信息科技南京有限公司及/或相关权利人专属所有或持有。

未经灏悦程信息科技南京有限公司及/或相关权利人明确书面授权，任何人不得复制、转载、摘编、修改、链接、转帖本书的内容，或在非指定服务器上做镜像或以其他任何方式进行使用。

网络增值服务使用说明

欢迎使用华中科技大学出版社图书资源网 bookcenter.hustp.com

1 教师使用流程

（1）登录网址：bookcenter.hustp.com（注册时请选择教师用户）

注册 → 登录 → 完善个人信息 → 等待审核

（2）审核通过后，您可以在网站使用以下功能：

浏览教学资源　　建立课程　　管理学生/班级　　查询学生学习记录等

2 学员使用流程

（建议学员在PC端完成注册、登录、完善个人信息的操作。）

（1）PC端操作步骤

①登录网址：bookcenter.hustp.com（注册时请选择学生用户）

注册 → 登录 → 完善个人信息

②查看数字资源：（公开的网络学习查询，可以直接点击观看，如有学习码，请在个人中心–学习码验证中先验证，再进行操作）

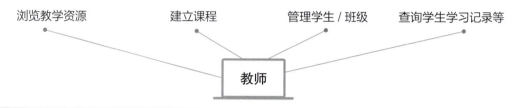

搜索教材 → 教材详情页 → 查看教材资源

③加入课程完成学习（如老师不要求进入课程学习可忽略此步）

教材详情页 → 选择课程 → 加入课程 → 绑定班级 → 学习/做题/学习记录留存

（2）手机端扫码操作步骤

作者简介

彼得·韦尔夫尔

酒店从业者,毕业于维也纳经济大学旅游专业,在奥地利、英国和美国等地的国际酒店业积累了丰富的实践经验。于瓦尔德格职业学校任教 30 多年。多年来,作为专家或首席专家在奥地利技能大赛、欧洲技能大赛和世界技能大赛中负责指导酒店接待和餐饮服务等领域的参赛者。

因内斯·魏森施泰纳－威斯勒

受过德语和意大利语教师的培训,毕业于奥地利酒店协会创业学院。拥有多年酒店业及旅游咨询专业经验,包括营销和网络营销的专业主题。长期从事研讨会活动,她在维也纳 WIFI 教授酒店接待课程。自 2016 年起一直在德国莱茵兰－普法尔茨州经营公寓套房。

克里斯汀·鲁茨

毕业于萨尔茨堡/克莱斯海姆的旅游高等教育学院的旅游学院，在萨尔茨堡、阿尔贝格和沃尔特湖的高档酒店积累了担任接待员和管理助理的实践经验。在奥伯特鲁姆州立职业学校担任酒店与前台接待管理、工商管理和营销领域的教师，有二十多年教学经验。十余年来，在奥地利技能大赛的酒店接待领域成功担任了萨尔茨堡参赛者的培训师和主管，此后成为奥地利青年技能大赛负责人。

恩斯特·霍姆

毕业于菲拉赫酒店职业学校和菲拉赫旅游职业高等教育学院，拥有包括在瑞士、法国和奥地利等国家的国际酒店行业领域大量的实践经验。在奥伯特鲁姆州立职业学校从事教学活动逾30年，自2013年起担任奥伯特鲁姆州立职业学校校长。

主译简介

杨红波

教授，云南旅游职业学院教务处处长、酒店管理学院创院院长，国际金钥匙学院荣誉董事，全国旅游职业教育教学指导委员会酒店专委会委员，全国职业院校技能大赛2020-2022餐厅服务赛项专家组组长，中华人民共和国第一届职业技能大赛裁判，历届全国职业院校、旅游职业院校技能大赛裁判，云南省餐饮职业教育教学指导委员会主任委员，云南省饭店行业协会副秘书长。拥有12年高星级酒店运营管理经验，曾赴奥地利、瑞士等国进修酒店与旅游管理，科研成果丰硕。

吕静

深圳职业技术大学酒店管理与数字化运营专业主任、香港理工大学酒店及旅游管理博士，指导学生参加第46、47届世界技能大赛酒店接待赛项全国选拔赛，均获得银牌。

吴阿娜

副教授，哈尔滨职业技术学院现代服务学院旅游与酒店教研室主任、酒店管理与数字化运营专业带头人。黑龙江旅游职业教育教学指导委员会委员，中华人民共和国第一届职业技能大赛酒店接待赛项裁判员、黑龙江省餐饮烹饪行业协会理事、黑龙江省导游协会理事、黑龙江省茶叶协会理事、黑龙江省职业院校技能大赛餐厅服务赛项评委、黑龙江省导游服务大赛评委、黑龙江省职工行业大赛鸡尾酒赛项评委。

副主译简介

马小骅

澳门城市大学国际旅游管理专业博士，贺州学院科研处副处长。致公党贺州市基层委员会副主委、广西海外联谊会七届理事会理事、贺州学院海外留学生联谊会秘书长，研究方向为旅游款待业员工组织行为。

陈冬梅

硕士毕业于中山大学，广州科技贸易职业学院旅游管理专业专任教师。承担"酒店英语""旅游英语""酒店实训"等课程的教学工作。美国饭店协会注册高级培训师，全国英语导游证口试考评员。主持广东省级精品在线开放课程"酒店英语"、广东省继续教育优质网络课程项目"酒店英语"、广州市级质量工程项目"酒店服务与管理课程群教研室"。主编广州市规划教材《现代酒店英语（活页版）》。荣获广东省教师教学能力大赛二等奖；指导学生参加广东省高职院校技能大赛"餐厅服务"赛项分获一、二、三等奖若干次。

谢乙玮

美国约翰逊威尔士大学酒店管理方向MBA，香港理工大学酒店与旅游管理在读博士。云南旅游职业学院专任教师，承担"国际接待业概论""收益管理""酒店接待""酒店信息管理系统"等课程教学工作。曾在上海四季酒店、澳门文华东方酒店、澳门永利皇宫酒店、雷迪森酒店集团、海航酒店集团等知名酒店品牌担任前厅服务及管理工作。具有中国饭店业协会全国饭店业职业技能竞赛"前厅服务员"二级裁判员资格。第46届世界技能大赛云南省赛选拔赛"酒店接待"项目一等奖选手指导教师。2023年全国职业院校技能大赛（高职组）酒店服务团体三等奖指导教师。

前　言

众所周知,一家酒店的硬件无论装修得多么富丽堂皇,如果里面没有服务人员,它就仅仅只是一座建筑,一个缺乏生机的空壳。酒店应该让客人们从预订到离店都感受到关怀与关注。基于这一点,酒店前台接待员扮演着至关重要的角色。因为无论是在面对客人提出疑问和需求时,还是在处理客人投诉时,他们与客人接触得最多。

在"如何将对客服务由良好转变为卓越"方面,我们没有任何可以"拿来即用"的经验或法则。在实际的酒店接待中,酒店前台接待员除了运用专业知识为客人提供服务外,与形形色色的客人打交道的过程,也将收获令人意想不到的成就感及乐趣。同时,在日常工作中,前台接待员总是需要在最短的时间内应对各式各样的客人及要求。即使在多个任务并行的情况下,他们也需要专业地解决各种问题,使客人满意。为了达到这种效果,前台接待员必须完全掌握前台接待工作的原则和日常流程。

本书上下册中前台接待工作的核心要点将采用350多个关键词以德文首字母的顺序排列的方式展示,以便读者检索。本书同步提供了许多实践范例和视频,在对理论基础知识进行必要补充的同时,更直观地展示了前台接待员专业化解决酒店复杂情况的真实场景。

> 前台接待员是一家酒店的门面。

如何使用这本书？

关键词

您想了解更多关于入住的内容吗？酒店增销这个话题已经吸引您很久了吗？通过上下册350多个按德文首字母顺序排列的关键词，并在全书最后设计索引，读者可以既快又准地查阅到所需信息。

参阅

参阅中的红色字体是其他关键词的索引。附件中详细的索引针对不同的关键词，为读者提供相关的概述。

人物角色

众所周知，每家酒店都有不同的目标客户。为了尽可能全面地覆盖客户群体，本书创设出各式各样的人物角色，他们将反复出现在本书的示例和视频中。读者可以在数字资源包里找到关于这些人物角色的详细信息。

> 这些角色是与特定客人或者客户群体相匹配的用户模型，他们也可以被称为虚拟客人。对这些角色的描述非常详细，他们每个人都有对应的简介，包括职业信息和各自家庭状况，等等。

网上资源包

本书的数字资源包包含大量视频，请扫描书中二维码浏览。

前言

书本的在线内容

本书的数字资源包含大量的视频。对于许多关键词，书中配有相关的视频展示，例如："前台接待"等。

相关的关键词旁有对应的二维码可供扫描，读者可以通过扫描观看视频。在中国上市的视频都是英语版，配有中英文字幕。

视频目录

第 15 页	客人问询接待 1
第 16 页	办理入住
第 29 页	噪音干扰投诉
	健身房投诉
	投诉有瑕疵的野餐篮
	投诉餐厅
第 44 页	入住登记流程
第 49 页	退房流程 1
	退房流程 2
第 52 页	Late-Check-out 延迟退房
第 93 页	客人问询接待 2
	客人问询接待 3
	醉酒客人
第 98 页	替客人购买歌剧门票
第 103 页	旅行常客
第 106 页	顾客账单
第 116 页	与爱犬一起出游
第 134 页	对于家庭出游小贴士推介

中文版序言

尊敬的各位老师，亲爱的同学：

感谢你们选择世界技能大赛酒店接待与餐厅服务系列教材编委会翻译编辑出版的《酒店接待服务知识大全》。本书由世界技能大赛原国际裁判长 Peter Wölfl 先生等著，国内旅游酒店职业教育领军企业——灏悦程教育独家引进，为您原汁原味地呈现世界技能大赛酒店接待服务赛项的评分标准与核心内容。

世界技能大赛是职业技能领域顶级赛事，被誉为"世界技能奥林匹克"。酒店接待赛项作为世界技能大赛中最年轻的赛项，自 2019 年登上世赛舞台。我国正式加入世界技能组织十四年来，已连续参加了六届世界技能大赛。进入新时代，我国逐渐形成以世界技能大赛为引领、国家职业技能大赛为龙头、全国行业职业技能竞赛、地方各级职业技能竞赛及专项赛为主体、企业和院校职业技能比赛为基础的、具有中国特色的职业技能竞赛体系。在"课赛"融合的背景下，全国职业院校酒店管理专业不断探寻专业建设的最优路径，逐步树立"以赛促教、以赛促学"的理念，着力培养酒店接待选手，以此培养更多高质量的应用复合型人才，提升就业竞争力。

现代社会对服务行业人才的需求是极为迫切的。作为一名旅游与酒店专业的复合型技能人才，不仅要有专业知识和实操技能，还要具备同理心、沟通能力、应变能力等综合实力。相较于传统制造业技能人才，服务行业技能人才更难培养，其考核和评定也更有难度。多年来，灏悦程教育始终坚持改革创新，学习借鉴国内外先进经验和做法，聚焦世界技能大赛酒店接待与餐厅服务赛项，潜心钻研高水平人才的培养训练方法，致力于服务国家现代化建设、推动我国技能人才培养体系建设高质量发展。特别是 2021 年以来，公司着眼优化完善"岗课赛证"融通路径，与来自瑞士和奥地利的世界技能大赛专家裁判长合作，在国内率先开创独家引进海外世赛系列教材的先河，第一时间将酒店接待和餐厅服务的国际标准引入国内，并最终将这套《酒店接待服务知识大全》呈现在大家面前。

Peter Wölfl 先生是奥地利学徒制领域里著名的专家，是世界技能大赛和欧洲技能大赛酒店接待裁判圈里重量级人物，作为一名优秀的教师、一名卓越的教练、一名德高望重的教育者，他的书曾获得德国餐饮美食学院 GAD (Gastronomische Akademie Deutschlands) 授予的银奖殊荣。本书是 Peter Wölfl 先生多年从业经历的集大成之作，严格按照学徒制教学与职业技能大赛训练要求，以国际裁判长视角，详细解构 350 多个酒店接待服务关键词，全面系统梳理酒店接待服务流程中的每个细节。本书作为"世界技能大赛酒店接待与餐厅服务系列教材"丛书的重要组成部分，对于备战冲刺职业技能大赛酒店接待赛项具有极为重要的参考价值，必将成为职业院校培养酒店及相关专业高素质技能人才的基础百科全书。

最后，向所有参与"世界技能大赛酒店接待与餐厅服务系列教材"丛书翻译校对工作的编委会专家和老师们表示诚挚的感谢！

灏悦程信息科技南京有限公司

目 录

酒店接待 A	001
酒店接待 B	020
酒店接待 C	042
酒店接待 D	063
酒店接待 E	071
酒店接待 F	075
酒店接待 G	087
酒店接待 H	115
酒店接待 I	123
酒店接待 J	126
酒店接待 K	128
酒店接待 L	143
酒店接待 M	148
索引	167

酒店接待

A

退房客人清单

到

每日平均房价

退房客人清单（DE：Abreiseliste；EN：Departure guest list）

退房客人清单上列出了酒店当天要退房的所有客人。这份清单对所有部门都很重要。

客房部员工不仅需要根据清单来安排房间的清洁顺序，同时也需要根据这份清单查房，确保所有已退房间都按计划进行了清洁和验收。所有相关部门在交接班时，都会收到这份清单（部门员工也可以在酒店管理系统中查看这份清单）。

取消预订（DE：Absage；EN：Cancellation）

除了客人主动取消预订，酒店方也可以取消预订。酒店取消预订有多种原因，比如：在预约好的时间段内，没有可售的房间；如果某一时间段内的某一个预订有重叠，也会出现不得不取消其中一个优惠预订的情况。再比如：客人在酒店优惠有效性期满之后才预订，那么优惠条件将无法适用，这种情况下也需要取消该预订。

这样做

礼貌告知客人取消预订，但同时为客人提供一个替代方案。大多数酒店在当地都会有姐妹酒店，并在各自出现超额预订情况下互相帮助。有一些酒店会有等候名单。

标准话术

- 非常感谢您对我们酒店的选择和青睐。您想预订的日期是：从……到……，很抱歉地通知您，我们酒店的房间在这段时期已经订满了。因此，我们无法为您预留您所需的房间。
- 但是，我们很乐意，在下周的……到……为您提供下列服务：……
- 您能采纳我们的建议，我们深感荣幸。
- 如果今后能再次为您提供服务，我们将深感荣幸。
- 希望我们的提议能让您满意，尊敬的女士/先生，期待您的下次光临。
- 我们已经和姐妹酒店……酒店取得了联系。该酒店的客房预订部经理李先生，他能为您预订从……到……期间您想要的房型。在随后的附件中，您可以看到一份宣传手册和一张价目表。详情请咨询（同上）李先生，这是他的联系方式：……

平均每日房价 (DE/EN：ADR（Average Daily Rate））

相关术语还有：
ARR（Average Room Rate）（平均房价）
RevPOR（Revenue Per Occupied Room）（每间出租客房收益）
RevPar（Revenue Per Available Room）（每间可售客房收益）

这些常用名称及缩写表达的含义是：一家酒店在固定时间段内所能达到的平均房价及收益。为了方便计算，所有价格、类别和季节均作为一段时间内的住房总收入来收集，再除以相关时间段里所售房间的房晚数。

在定义 RevPOR（每间出租客房收益）、ADR（平均每日房价）、ARR（平均房价）和 RevPar（每间可售客房收益）时，有多种版本。本书将使用国际连锁酒店业约定俗成的公式。

关键数据核算

$$\frac{\text{固定时间段内的客房营业额（例如，2023 年的客房营业额）}}{2023 \text{ 年售出的房晚数}} = \text{平均每日房价 / 平均房价 / 每间客房收入}$$

示例

$$\frac{91,680.00\ （10\ 月份的客房营业额）}{827\ （10\ 月份售出的房晚数）} = 110.86\ 欧元/每间$$

注意：客房营业额不包括税收、早餐收入、地方税和其他额外费用等营业要素。

预售价（DE/EN：Advanced Purchase Rate）

预售价通常是指客人享有的特殊或优惠条件的价格，比如：高达 10% 的折扣，这种优惠价可能会有某些限制预订条款，例如：

- 不能免费取消订单（酒店可以根据自己的情况来斟酌）
- 必须在预订后即刻通过信用卡或者银行转账支付预付款
- 提前预订的期限在 14 天至 21 天之间（酒店可以根据自己的情况来斟酌）

酒店业一般条款（DE/EN：AGBH）

当客人在酒店预订客房时，客人就与酒店签订了双方关于住宿的权利与义务的合约。同样的客人在每次预订酒店时，不必重新商讨条款，因此，在国内和国际的酒店行业中，出现了商业惯例。

在奥地利，这些商业惯例就是酒店行业的一般性商业条款（AGBH 2006）。例如，这些条款展示了酒店和客人各自的权利与义务。它们由酒店行业的专业协会制定而成，并为住宿合约的订立提供了框架性指导意见。这些框架性指导意见不具备法律约束力，且酒店可以根据自身情况对个别条款进行调整。比如酒店业的一般条款就包括订单如何取消的约定。

如果酒店业的一般条款适用于一次客房预订合约的签订，则酒店必须在客人确认订单时就告知客人。只有一个外网的链接是不够的。如果订单确认函是通过电子邮件发送的，那么跳转到《酒店业一般性条款》的链接一般会在邮件署名位置，或者可以将条款直接以PDF形式作为邮件附件共同发送给客人。

专家对此表示

- 此预订在到店前14天可免费取消。如果未及时取消预订（或者客人未到店入住）或超时取消预订，酒店会收取住宿的全额费用。
- 为了确保预订，我们将至少收取住宿费用的20%作为押金。我们接受现金、Visa、大莱卡、美国运通卡、万事达卡、中国银联卡和借记卡支付。
- 入住当日一般在14：00后方能办理手续。离店当日请在12：00前退房。
- 此外，我们默认您在预订时接受了酒店业一般性条款。

顾客和酒店之间的大部分的分歧涉及取消、支付、担保和未到店入住，以及入住和退房的时间等方面。因此，我们强烈建议，在订单确认时，一定要明确标注这几点。

如果酒店业一般性条款还包含其他条款，则需以适当的措辞向客人明确说明。

德国有<u>国际健康协会</u>以及<u>德国酒店业和餐饮业协会</u>的一般条款，提供给每年缴纳年费的会员。<u>瑞士酒店业</u>提供给会员酒店的一般条款（AGB）的范畴包含了所有出现在一般条款中的重点以及制定的方案。瑞士酒店业强调，每家酒店都要根据自身目标客户、地理位置以及经营理念来相应地调整自己的条款和条件，这一点在酒店业中十分重要。中国酒店业一般执行国际惯例，但前提是必须符合中国的相关法律、法规和各级政府的管理规定。

航空公司机组人员 （DE/EN：Airline Crew）

如果航空公司和酒店之间签订了关于机组人员住宿的合约，那么就需要特别注意他们与一般客人不同的到达与出发时间。同时，机组人员的公务<u>入住</u>和<u>退房</u>通常享有优惠。酒店最好将航空公司的机组成员安排在安静、能够调光的房间。他们的住宿时间也应该是可延长的。再有，对于这些机组人员来说，<u>叫醒服务</u>是极为重要的。

航空公司的机组人员应该得到较为专业和及时的照料。通常，这些机组人员到达酒店时，往往经历了长途跋涉和路途颠簸，需要在<u>酒店</u>过夜，虽然他们到店或离店的时间往往与一般客人不同，我们也应该为他们提供入住方便、无需等候等贴心服务。

定金 （DE：Akonto；EN：Deposit）

定金是指一笔保障客房或者酒店其他服务<u>预订</u>的首付款，但并非所有酒店都要求支付定金。客户通过公司预订或者<u>优惠券</u>购买也可以作为<u>预订</u>担保。预付款的定金必须在规定时间内支付，支付后订单才会被锁定。定金金额取决于房间价位、入住人数、入住的时长以及淡旺季。

定金数额要么由<u>酒店业一般条款规定</u>，要么由酒店自主决定，多数情况下大约是总消费金额的30%。

> 💡 **小贴士**
> 在奥地利，以下征税方式适用于住宿预付款：
> 预付款定金最高为住宿总价的35%时，增值税才在结算总金额时缴纳。

报警装置（DE：Alarmanlage；EN：Alarm System）

酒店的报警装置用于提醒客人和员工注意安全。请参阅消防（Fire Control）。

一价全包（DE/EN：All Inclusive）

一价全包旅行是**套餐旅游**概念的补充，包括住宿、膳食和其他约定的服务。除了包括如机票、**酒店**、餐食等符合旅游套餐标准的供应外，客人也可以在当地享用其他已确定价格的服务，比如：体育活动。一般情况下，一价全包旅游产品会为客人提供品种丰富的餐食选择。

配额（DE/EN：Allotment）

酒店分配给公司奖励旅游团、旅行社房间的配额。请参阅：配额/定量（**Quota**）术语。

问询（DE：Anfrage；EN：Inquiry）

作为前台接待员工，需要始终准确、及时地回答客人的问题！对于客人的问询，应当在**两小时**之内给予回复，这样会大大提高问询的转化率。如果客人收到了令他满意的问询**答复**，就意味着我们已经向成功预订的目标迈进了一大步。

酒店接待 A

酒店接收客人问询的方式有很多，包括电话、电子邮件、酒店官网、酒店网上搜索引擎或者像 Sabra、Amadeus、Worldspan 等全球分销系统，携程、美团、飞猪等线上旅行社（OTA：Online Travel Agency），以及信件、传真或者亲自到访等方式。

电话问询

对于每一个来自客人的问询，酒店的员工都应热情地给予答复。

针对以下问题，酒店员工必须随时给予专业的回答：

你们酒店从……到……期间的单人间/双人间的价格是多少？

你们酒店在从……到……期间有……（类型的）可售房间吗？

- 加床需支付多少费用？
- 加儿童床需支付多少费用？
- 你们的房间是如何布置的？
- 你们的……房型面积多少？
- 房间状况如何？
- 客房里/整个酒店是否都能连接上免费的无线网络？
- 酒店还提供哪些娱乐项目？
- 酒店还提供哪些养生与美容项目？
- 酒店会议室是如何布置的？
- 酒店提供哪些餐食？
- 餐厅什么时候提供正餐？
- 是否提供减肥餐、素食餐，以及不含麸质、不含乳糖的菜肴？

记下来电者的名字，并再次称呼客人的名字（进行确认）。

007

- 能通过哪几种方式进行支付？
- 酒店或者当地有哪些娱乐活动以及节目？
- 是否能够带宠物？每日的宠物照料费用是多少？
- 当地或者周边地区有哪些出游景点和名胜古迹？
- 乘坐私家车/公共汽车/火车的话，我怎样才能最快抵达你们的酒店？
- 周边有哪些运动项目？
- 当地提供哪些基础设施？
- 酒店有几种停车方式？
- 你们提供来往火车站或者飞机场的接送服务吗？这些服务需要多少钱？

你们餐厅提供素食餐吗？

专家对此表示

　　酒店员工不仅需要尽量回答问题，而且要提供尽可能丰富的信息给客人。向酒店（潜在）客人传递信息，但不要让他们被信息淹没。如果不得不给一个否定答案，应尽可能向客人提供一个替代方案。

　　我们酒店的菜单上有少量的素食餐可供选择。如果您想要更多的选择，在距离我们酒店不远处，步行只需几分钟，就有一家出色的素食餐厅。

　　通常来说，电话销售宣传往往比书面的答疑解惑更有效率，因为客人的问询可以得到即时的解答。但是，为了让细节问题能够以白纸黑字的形式展示，客人们现在越来越倾向于用书面形式来进行交流。

书面问询

· 对客人的书面问询给予快速回复,能够体现一家酒店积极的营销立场,同时也是招揽客人的重要手段。

· 酒店员工收到书面问询时,无论是信件、电子邮件,还是在线预订或传真,都需要即刻进行处理。

· 在酒店管理系统的客户档案中,酒店员工应该完整、准确地记录所有数据,以便今后能够随时检索和编辑数据。随后,也必须有条理地把书面问询归档并存储在系统的文件夹中。

注意:这些数据只能存储于业务交易过程中。如果客人取消了订单或者没有回复,那么必须删除这些数据。 只有当客人明确同意,这些信息才能被存到客户索引中。

> 🔆 小贴士
> 我们经常会遇到这样的情况:酒店产品的推介类电子邮件进入了客人垃圾邮件箱!客人以为酒店忽视了他们的问询,造成了这些潜在客户的不悦。针对类似情形,通常的做法是,通过电子邮件发送一封针对问询的自动回复。例如:"诚挚感谢您的问询。我们将会尽快答复。如果您在接下来的几天里没有收到我们的邮件,请您检查一下您的垃圾邮件箱。"

面对面问询

那些亲自走到酒店前台的客人,大多是无预订散客,他们往往想要立刻预订一间房。这类客人想当场获悉某一时间段的客房房源情况,这类情况比较少见。确保您从客人那儿获得所有的相关信息(包括书面问询),方便回应客人需求。

个人问询由前台处理,团体问询联络销售部门来处理。在与客人的面对面交流中,酒店员工展现出良好举止和专业能力是十分重要的。

报价（DE：Angebot；EN：Offer）

在客人眼里，针对酒店产品和服务的报价是其服务品质重要的衡量标准，因此，对客服务和员工形象是非常重要的。例如，度假型酒店通常会提供许多优惠活动，因此客人会期盼在他们度假期间，酒店将会提供某些惊喜。反之，对于商务旅客而言，他们通常只是想知道酒店是否有可售房间。

报价必须在询价当日发出。因此，询价日期也是报价日期。应在两小时内通过电子邮件或网站/在线预订平台对问询进行回复。

附上酒店宣传册和有关目的地/地区的信息，签名的回复单也需要一并寄出，这样便于顾客预订。

无论是针对个人，还是团队，每一项服务都必须包含一个有效日期。这样在抵达之日前，此项服务在法律上仍然有效，能够为客人提供所要求的产品和服务。

但是，如果报价中包含的房间和安排超过了有效日期，则报价不再有效，即酒店提供的一项产品在超过有效日期（截止日期）后，就自动失效了，必须要续约后，方可继续使用。

有哪几种服务类型？

两种报价形式：

先到先得报价：此类报价按照先到先得原则，具有一定比例。客人对此类报价的服务不享有约束性的索赔，因为可能在他们预订时，酒店的产品和服务已经售罄。这类服务没有可供选择的期限或是截止日期。

约束性报价：客人可以选择报价的有效日期，到期后服务自动失效。客人在到期前都可以预订，预订后均可享受此服务。

书面报价

通常，所有产品和服务都应以书面形式（信件、传真、电子邮件或者是网页上的联络方式）呈现，以避免客人与酒店之间可能出现的误解。

产品和服务报价应涵盖的内容和信息

- 客人的个人信息；
- 到店、离店日期，以及延误的可能性；
- 入住人数；
- 房型（包括餐食类别）、床位数、装潢布置；
- 价格：基本价格（房价净价，有时也会是总价）、一次性付清或者享受折扣、当地物价、住宿费、其他费、税（根据价格标签条例注明"价格包括所有税"）。

> 客人的名字写对了吗？

> 突出酒店优势，指出酒店特点与活动，比如：免费享用有机食品、水疗馆和自行车租赁服务等。

标准话术

前言

- 衷心感谢您的来信和您对本酒店的垂询。
- 诚挚感谢您的来电，很荣幸您能够选择我们……酒店来度假。
- 衷心感谢您的来电和您对本酒店的青睐。我们很荣幸能在……到……期间为您提供以下服务：……
- 感谢您对我们的信任，非常荣幸您愿意选择本酒店作为您的度假之地。

服务

- 我们会提供令您满意的产品与服务：……
- 我们很高兴能在您住店期间为您提供以下服务：……
- 在您从……（到店时间）到……（离店时间）的住店期间，我们可以为您提供如下服务：……

结束语

- 希望您能满意我们的服务。
- 尊敬的……女士/先生，期待您莅临我们的酒店。

- 有关酒店娱乐设施及我们度假区的众多体育和休闲活动的详细信息，请参阅附件。您也可以浏览我们酒店的网址……
- 尊敬的……女士/先生，希望我们的服务能够令您满意。在此，请允许我代表酒店向您致以诚挚的问候。
- 很高兴您能选择入住我们酒店，在圣诞节假期我们将竭诚为您服务。
- 期待您不久后的再次光临。为了简化您的预订程序，我们还附上了预订单。
- 如果您有意选择入住本酒店，为了让您成功预订，请将附件的回复表在……（时间）前寄回给我们。
- 请填妥附件的回复表，并签上名，在……（时间）前寄回给我们，此外您也可以通过传真或者电子邮件（地址）联系我们。
- 如果您还有任何问题或者要求，都可以给我们拨打电话（电话号码：……）或者发送邮件（邮件地址：……）。
- 问候语。
- 期待您的佳音。
- 诚挚的问候/热切的问候/友好的问候/衷心的问候……

衷心感谢您的问询，以及您对本酒店的青睐。为了给您量身定做产品服务，我们还需要以下信息：……

缺少定制服务的信息

如果您没有为客人提供定制化服务所需的全部客人信息，那么还有两种解决方法：

· 第一个做法是，收集缺失信息，并与潜在客户协商。如果您收到了客户的问询邮件，可以通过电子邮件或者直接给客人打电话的形式，来收集信息。在客人向您寻求帮助时表现出乐意效劳的态度，并表明为了给客人提供量身定制的服务，您还需要他的一些其他信息。

· 第二个（也是更好的）做法是，以现有的信息定制产品与服务，对尚未确定的信息提供至少2项可供选择的方案和建议。

口头推介

接待服务不仅可以以书面形式,也可以通过口头的方式来进行,例如,通过一通电话或者一场私人谈话的方式进行。口头推介是一次销售宣传,因此需要注意几个要点。

这样做

- 保持微笑,友好且真诚地问候客人。让客人感受到服务的热情,并且表达出期待他们的到来。
- 如果客人提到了他的名字,那就称呼他的名字,再一次问候他。
- 根据客人的要求,礼貌并积极地回复他。
- 在确认入住之前,请前台接待员讲明以下事项:住店时间(包括年份在内,精确到具体的到店及离店日期)、入住人数、房间数量以及房间类型。
- 前台接待员需清楚明确地告知客人有关房间和费用的信息。

我们为您提供一间标准双人间,配有双人床和带有淋浴房的卫生间,每人每晚132元,或者是另外一种高级双人间,浴室带有淋浴房、浴缸以及独立厕位,房间有阳台、沙发,每人每晚158元。

在等待客人回应的过程中,不需提供其他信息。应保持眼神交流并微笑。如果客人没有找到合适的房间,应给客人提供第三个选择。

我们还有一间小型套房,面积为65平方米,配有一个可观山景的大阳台,一间带有淋浴、浴缸和独立厕位的浴室,以及一个舒适的休息区。它只比高级双人间每晚贵50元。

如果客人仍在犹豫,请继续保持微笑,并对客人稍做帮助,有些客人需要别人的帮助来决策。

您看小型套房适合您吗?

现在请您按需求填写预订单。请您注意以下内容：
- 可辨认的字迹，以及正确书写名字、街道、地址等；
- 简洁明晰的表述；
- 在与客人的对话中多次称呼客人的名字，并确认相关信息。点头示意您已经登记了所有信息；
- 如果想要更好地推销自己和酒店，应该主动发起对话，并且诚实、专业地回答好客人的问题；
- 在与客人的对话结束时，应向客人确认最重要的信息，并且向客人承诺，您将会立刻予以办理。

张先生，衷心感谢您能选择我们酒店，请允许我做一个简单的（信息）总结：……

- 将您完成/确认订单的具体时间告知客人，并向他选择预订您的酒店表示衷心的感谢；
- 再次称呼客户的名字，表达对客人来店的热烈欢迎，并做友好告别。

张先生，感谢您选择了我们酒店。我们期待您的光临。

不论客人只是单纯咨询，还是想要立刻预订，在对话后都会出现两种情况：

1. 客人了解情况后，想要一封书面信息函。酒店应该给他发送一封书面的产品与服务的明细介绍。这样就能够避免可能产生的误解。

2. 客人了解情况后，想立刻预订。酒店将会发送一份包含所有客人信息在内的订单确认函（包括日期、房型、房间设施、价格、折扣、赠送服务、取消条件[酒店业一般条款]以及可能需要的预订金）。订单通过收到定金或者收到信用卡预付款来进行最终确认。

文体娱乐活动(DE: Animation; EN: Entertainment)

客人问询
接待1

有些酒店全程负责客人在酒店度假期间的娱乐活动安排,并针对客人的兴趣爱好精心定制和安排个性化的娱乐活动。通过对客人的了解,来确定客人需要哪些项目。

有些酒店提供丰富的店内活动项目。而另外一些酒店则从酒店外雇用了专门从事策划的文体娱乐活动人员。这些项目如何开展将取决于酒店派出多少员工参与服务以及活动空间的大小。

为了达成活动的效果,酒店可以邀请其他供应商一起提供服务。例如,有位客人预定了自行车郊游。那么酒店要负责住宿接待,可能还要负责自行车租赁,从旅游目的地、道路指示牌到餐厅指南等服务可以由其他专业的供应商来负责。

丰富多样的休闲节目可防止客人在恶劣天气下提前离开酒店和目的地。

酒店内部文体、娱乐活动

这些是酒店提供的内部文体、娱乐活动:
 •体育运动(例如:酒店的花园瑜伽、泳池的水中有氧运动、生态牧场参观);
 •社交活动(例如:音乐或舞蹈之夜);
 •创意活动(例如:绘画、陶艺、烹饪课程、调酒课程);
 •教育活动(例如:探索和体验历史、地理、地质、人文习俗等活动);
 •探险活动(例如:户外旅行、篝火晚会);
 •休息(例如:在安静的地方或花园冥想,感受身体的变化,有意识地练习呼吸和放松);
 •儿童和青少年活动(例如:野外游戏、冒险乐园、配导游的主题远足、面包烘焙课程)。

外部文体活动

指由旅游目的地(地方、城镇、地区)组织举办的活动。

到店（DE：Anreise；EN：Arrival）

办理入住

试想一下

● 现在是晚上9点钟，您与不同的客户举行了会谈，度过了漫长而忙碌的一天。经过旅途颠簸后，您终于抵达了今晚要入住的四星级酒店。

有一位年轻的女服务员和一位年轻的男服务员斜靠在<u>前台边</u>——他们看上去谈得十分投机，因为两人都没有意识到您的光临。您拖着手提箱疲倦地走到<u>前台</u>，对他们说："不好意思，我叫李明，我有房间预订。"然后女服务员低着头一言不发地径直往办公室的方向走去，男服务员面无表情地跟您打招呼："晚上好。旅途愉快吗？"根本没等您回答，他就开始在电脑键盘上打字。他连看都没看您一眼就把<u>客人信息登记表</u>递给您，说道："请您填写表格。"就这样默默地过了几分钟，他接过您填好的表格。接着他把一张<u>房卡</u>交到您手里，并说道："3楼302房间——电梯在拐角处。"

如您所见：不仅仅是酒店的设施和位置等硬性条件非常重要，宾至如归的热情服务往往也会产生重要影响。

有一位年轻的女服务员和一位年轻的男服务员正在前台谈论工作安排。当您一踏入酒店，这两人立即中止谈话，<u>男服务员</u>立刻上前欢迎您的光临，他接过您的行李箱，问候道："晚上好，李先生！"女服务员说："晚上好，李先生！我叫张丽。您旅途愉快吗？"在您回答"还行"后，她微笑着说："我们很高兴您安全到达。我们可以为您提供一杯清凉的饮料，您想喝点什么？"您点了一杯喜欢的饮料，在<u>酒店大堂</u>的一张桌子旁坐下。女服务员给您拿来了饮料和客人信息登记表，并要求您填写缺失的信息。表格中已经预先填写了<u>酒店</u>已经获知的您的有关信息。您快速完成表格，喝完饮料后走到前台。女服务员向您微笑，柔声告知您房间信息并递给您房卡，陪您前往房间。在途中，她告诉您健身房和早餐厅的地点和开放时间，并询问您是否需要在餐厅提前预订餐位。

根据酒店的类型,客人可以将车停在酒店 停车场,或者由管家(较高级别的中型酒店)或代客泊车员(大型酒店)负责停车。

行李员会在客人抵达时帮助客人搬运行李。

有些酒店为客人提供从机场到酒店的接机服务。理想的流程是:酒店在预订时询问客人的航班号—接机人员在机场的抵达大厅里提前等候客人—酒店的相关人员在酒店迎接客人并为客人办理入住手续。

到店名单(DE:Anreiseliste;EN:Arrival guest list)

酒店员工可在到店名单中查到当天到店客人的信息。有了这份名单,前台接待员就知道每天有哪些客人即将到达酒店,并做好相应的准备工作。酒店员工可以用客人姓名问候客人,并从客史档案里了解到常住客的特殊需求。接待员可以在交接簿/工作日志中找到关于抵达客人的更多信息。

到店名单是在前一天晚上或是在当天工作结束之后完成制作的。该名单为酒店所有部门提供信息,是安排员工排班、物品采购等工作的基础依据。到店名单将分发给酒店的相关部门(如客房的楼层、厨房、对客服务部门、管理层,等等)。到店名单还可用于检查所有客人的到店和离店是否按计划执行。

到店名单所包含的内容:
- 日期;
- 房间号;
- 客人姓名;
- 房间人数;
- 特殊要求,例如首选房型;
- 客人的安排;
- 随行人员,有无儿童;
- 团队名称,或旅行社名称;
- 常住客信息记录。

是否需要加床?

> ☀️ 小贴士
>
> 大多数酒店的到店和离店名单以及在店名单是通过酒店管理系统制作的。前提是所有数据都已正确输入并不断更新。为了避免错误,一些酒店还额外采用人工方式对重要信息进行记录。

回复表格（DE：Antwortformular；EN：Inquiry Reply Form）

回复表格能让客人尽可能方便地获得他们想要的信息——从而实现预订。在收到客人问询后，酒店会给客人发送一份预先填写好的回复表格。客人选择所需要的信息并将表格发回。回复表格应精心设计，那样客人可以直接预订附加服务（例如水疗按摩、美容护理等等）。回复表格通常也是宣传册的一部分或插页——回复表格可以附在电子邮件中发送。网站上应该有联系方式，方便客人获取所需信息。

押金（DE：Anzahlung；EN：Deposit）

请参阅：定金（Deposit）[1]。

酒店式公寓（DE/EN：Appartment）

指配备厨房、卧室和起居区的设施齐全的度假型酒店式公寓。

平均房价（DE/EN：ARR（Average Room Rate））

详见 ADR（平均每日房价）。

---

[1] 译者注：奥地利酒店定金只交总销售额的 30%，但中国国内酒店押金一般要缴纳总房费的 1.5 倍至 2 倍，此处两国有所不同。

公示员工权利义务（DE：Aushangpflichtige Gesetze；EN：Employee Rights and Obligations）

奥地利雇主有义务让员工能够了解到员工保护法律的相关规定。这些法律旨在保护员工的合法权利，例如工作中的健康和安全、怀孕员工的就业限制和禁令、工作场所条例、青少年劳动保护法、工作时长法、生育保护法、一般就业平等待遇法。为了让员工了解在奥地利需要遵守的相关法律，可以给员工发送电子邮件。但这种方式仅在员工有可以上网的电脑时才能奏效。

在德国和中国也是如此，公司有义务让员工了解员工权利和义务，因此酒店应该为其员工提供了解相关法律的途径。

在意大利南蒂罗尔省，集体合同中包含的条款的副本必须张贴在所有员工可见的地方。这些条款必须包括纪律条例、员工有不当行为时采取的纪律措施、投诉程序以及对 1970 年 5 月 20 日第 300 号法律第 7 条的引用。除此以外，还可以张贴包含员工在工作场所的规章制度（例如休息、休假规定）的公示。当地的工会组织可以在员工可以看到的地方张贴工会组织关注的出版刊物 / 相应通知。

瑞士没有任何关于公示义务的法律。

中国大多数酒店，均通过用工合同、员工手册等方式，展示相关条款。

入住率（DE：Auslastung；EN：Occupancy）

房间的入住率（不是床位数）是一个术语、参数，通常用于没有假期或只有非常短的经营假期的酒店（全年经营类型的酒店），该参数还可用于与其他机构（例如连锁店）的横向比较。

季节性经营的酒店很少使用此参数（或仅采用每月，而不是每年），例如，当酒店仅仅保持开放营业九个月（而不是十二个月）时，使用该参数将得出不精确的结果，使得该结果与全年运营的酒店没有可比性。

入住率的计算

$$\frac{每个时间段售出的房晚数（例如5月份）}{房间数 \times 每个时间段的天数（例如5月份）或开放天数} \times 100\% = 房间入住率（\%）$$

示例

$$\frac{1312（5月份售出房晚数）}{54（房间数）\times 31（5月份的天数）} \times 100\% = \frac{78.38\%}{房间入住率}$$

酒店接待

B

企业对企业

到

商务旅客

企业对企业（DE/EN：B2B（Business-to-Business））

B2B 是指两个或多个公司之间产品或信息交换的业务关系。在酒店行业，B2B 泛指酒店向公司客户提供产品和服务。

企业对消费者（DE/EN：B2C（Business-to-Customer））

B2C 是指企业直接面向消费者开展商务或者交易、销售活动。

企业对团体（DE/EN：B2T（Business-to-Team））

B2T 在此指的是酒店通过旅行社或代理商进行的产品销售和服务，也包括通过旅行团、网络团购等进行的产品销售和服务。

后台办公室（DE/EN：Backoffice）

后台办公室包括前厅运营办公室以及相关的行政办公室。与前台相比，该区域对酒店客人来说是不可见的，也是不可被访达的。在这里，所有的行政管理工作一直有条不紊地进行，如：处理酒店信函、接听（电话）、预订平台的维护和平台信息更新等。所有信函、发票等相关文件均需存储在后台办公室里。

后台办公室应紧邻前台，最好位于前台的后面，这样便于员工进行有效和快速的沟通。

后台办公室主要包括以下机构：预订部（无论小型酒店或大型酒店一般均有独立的预订部）、团体预订部（团体协调、旅游协调）、经理办公室或总经理行政办公室、市场销售部和公关部、酒店安保部、中央监控室、人力资源部、财务部办公室（包括总账文员、文员和工资会计）等等。

后区（DE/EN：Back of the House）

后区是指不对酒店客人开放的区域。为了确保酒店工作的顺利进行，也为确保酒店客人享受到优质的服务，员工在这里从事一些重要的幕后工作，例如：工程部、厨房、货物运送区、储存和加工区，以及酒店库房、垃圾处理区等。通往后区的路线不应与客人的动线相交，也不得影响客人的出行。

• 厨房：厨房是酒店的核心部分，对整个酒店的声誉和口碑起着举足轻重的作用。大部分菜肴都是在厨房准备和烹饪的。为了更加方便和快捷地组织安排烹饪工作，有时厨房会紧邻各类型餐厅，比如，厨房通常紧邻宴会厅和早餐厅。大型酒店会有独立的各类加工间。由于酒店的规模不同，餐厅的数量和类型各异，意味着各家酒店厨房的数量也会有所不同。

• 储藏室：众所周知，由于仓储费时又费钱，因而许多酒店只有一个小仓库，货物通常都在保鲜状态下流通。酒店的规模大小决定着酒店是否有能力配备主仓库、分类仓库、储藏室、冷藏室、酒窖和饮料仓库。一般情况下，酒店家具、会议用品、装饰品等也需要额外的仓库。

• 员工设施：大多数酒店都配有员工专用的更衣室、淋浴房和卫生间。员工更衣室应与为客人提供服务的区域分开。中国的酒店还通常提供员工宿舍，吸引来自全国各地的工作人员。大酒店通常有员工专用餐厅。

> 在度假型酒店，后区办公室和前台有时会合并在一起。可能会发生下列情形：当客人踏入酒店时，前台人员刚好坐在写字台前。前台人员此时应立即站起来，热情友好地迎接客人。

行李员（DE：Bagagiste；EN：Baggage handler）

详见小时工（临时工）（EN：Hired servant）。

宴会 （DE：Bankett；EN：Banquet）

宴会是烦琐复杂的，但也是优雅时尚的活动形式。完美无缺的环境设备、训练有素的员工、准确无误的规划是宴会活动成功的先决条件。宴席通常由长餐桌拼接而成。除了有宴会说明单（也称作宴会仪式流程表），还有制作精美的菜单和饮品卡。宴会特别适合婚礼、各种对公或对私的招待会和纪念日活动。

对于销售洽谈和宴会策划，许多酒店都有自己的宴会宣传资料，其中包含酒店宴会部一般信息、成功举办过的宴会的样本图片、带有宴会桌或桌子摆放位置的空间布置图、标准菜单、可自由选择的推荐菜单、自助餐品种的推荐（包括相应的饮料、带小食鸡尾酒会、茶歇安排、会议饮品）、饮品和葡萄酒单、一般性商业条款，以及其他服务，如安排摄影师、提供鲜花及提供技术设备、舞池、舞台等。

宴会部（DE：Bankettabteilung；EN：Banquet Department）

宴会部负责为大型活动、庆祝活动（例如：圣诞派对、婚礼）、研讨会、大型会议等提供全程服务，包括从组织安排到活动过程的管理。如果酒店没有专门的餐饮部，酒店也会负责安排会议中的餐饮事宜。因此，宴会部和前台之间需要随时保持良好的沟通，方便不断交换信息。

前台会经常收到关于宴会活动的问询。因此，前台员工应全方位了解酒店所能提供的各种服务，并能够及时准确地给客人提供相关信息。一般情况下，酒店都会配备相应的工具，例如：宴会宣传资料、餐饮宣传资料、问询和记录表、电话留言备忘录和客人需求记录表等。

前台员工必须认真记录前台收到的活动咨询，并立即转发给宴会部。

活动期间，前台为客人提供帮助和支持，例如：帮助提供复印服务、技术设备或其他工作材料，如活动挂图、用具、投影仪等。

随着宴会活动的举行，客人通常也会有房间住宿的需求。一般情况下，宴会部会有一定数量、可自由支配的房间。如果需要的房间数超出可支配的数量，宴会部员工可再与前厅部经理协商。

如果活动主办方告知前台活动有变更，那么前台员工必须立即转告宴会部。在接受主办方更改之前，宴会部必须先与相关部门进行沟通说明。如果因为变更而产生了相关费用，则必须以书面的形式记录并通知活动主办方。

最优惠价格（DE/EN：BAR（Best Available Rate））

最优惠价格也称为：Best Flexible Rate（最佳弹性价格）。

BAR 代表最优惠价格，这个价格是公开可用的每日最优房价。BAR 针对预订客人没有或仅有少量限制（如取消预订期限、最短住宿时间等）。BAR 也称为最佳弹性价格。

注意：这个价格对于客人而言不是最便宜的价格！

现金垫付（DE：Barauslage；EN：Cash advance）

酒店前台为客人垫付小额的费用是常规的做法。常见的现金垫付范围包括：鲜花采购费、出租车费、药品费或洗衣费等。需要说明的是，前台员工需要提前告知客人可能产生的垫付金额，即设置相应的限额，经客人同意后，再进行现金垫付。

示例：李雷夫妇是我们酒店的客人，这对夫妇今天要庆祝他们的结婚纪念日，李雷先生订购了一束鲜花，随后花店将花束送到了前台。

如果为客人提供现金垫付，收银员或前台接待员必须填写相应的表格，以此作为证明。订单交付后，供应商也需要在垫付表上签字确认以表明已经收到垫付金额。随后，前台员工将该表附在客人的账单明细上。垫付金额在客人账单中必须记为应收垫付款，那么这个费用就可以免税。在酒店管理系统中，现金垫付费用计入 Paymaster/City Ledger 卡。

最简单的方法是以现金形式向客人收取账单金额。客人使用信用卡付款时，必须收取客人手续费（与信用卡公司的结算费用）。

给客人提供账单副本，原件作为付款收据放在收银机（收银台或小额现金中），酒店通常先垫付现金给供货的供应商，然后再挂账至客人房间账上。

现金支付 （DE：Barzahlung；EN：Cash payment）

现金支付是指以各国货币（如人民币）来支付。前台员工必须检查钞票的防伪标志，辨别钞票真伪。可在前台放置验钞机。

☀️ 小贴士

人民币纸币的防伪标志

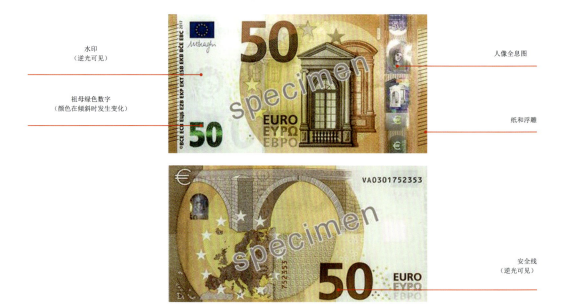

欧元纸币的防伪标志

外币（Foreign currency）

可以将外币兑换成本国货币再进行现金支付。

须注意以下几点：
- 必须每天查询外币兑换汇率，确保汇率是最新的；
- 如有疑问，必须咨询与酒店合作的银行；
- 接收钞票时，请务必注意检查钞票的防伪标志。

国际货币缩写（货币代码）	国际货币	国际货币缩写（货币代码）	国际货币	国际货币缩写（货币代码）	国际货币
AUD	澳元	HKD	港币	PLN	波兰兹罗提
CAD	加元	HRK	克罗地亚库纳	SEK	瑞典克朗
CHF	瑞士法郎	HUF	匈牙利福林	SGD	新加坡元
CZK	捷克克朗	JPY	日元	USD	美元
DKK	丹麦克朗	NOK	挪威克朗	ZAR	南非兰特
GBP	英镑	NZD	新西兰元		

迎宾问候（DE：Begrüssung；EN：Greeting）

迎宾服务需遵守以下规则：从客人抵店到离店期间，始终用客人的姓名称呼客人。为了建立良好的个人关系，酒店员工须对客人以姓名相称并作自我介绍：

- 按正确的介绍礼仪彬彬有礼地问候客人，年轻人问候年长者，先生问候女士，员工问候领导。
- 原则上，称呼客人用敬称"您"，问候客人时可用"祝您有个好心情""早上好""晚上好"来表示欢迎，而用"嗨"问候客人是绝对不行的！
- 迎接常住客时，前台人员要称呼客人的姓氏。
- 前台人员隔着台面和客人握手是极为不妥的。原则上，由更高级别的人——在这里指客人，决定是否想握手。

当然也有例外，在度假型酒店，完全可以通过握手的方式来迎接酒店非常熟悉的常客。

我会在握手时出错吗？

是的，即使像握手这样再普通不过的事情也可能错误百出。例如，握手时有气无力，或者手心潮湿的握手都会传递出紧张和不安全感；手握得太紧也会让别人感到不舒服甚至有痛感。如何选择让人感觉舒适的握手方式？其实我们可以根据客人握手的松紧程度来作相应配合。

还需要注意的是，应该了解客人的原籍国是否有与别人握手的习惯。例如，美国人和英国人只在第一次见面时握手。对来自阿拉伯国家的客人，须注意男女之间不要握手。

侍者（DE/EN：Bellboy）

详见服务员（Runner）的注释。

礼宾领班（DE/EN：Bell captain）

详见行李员领班（Bell captain）。

基准（DE/EN：Benchmark）

详见关键数据（Key Figure）的注释。

工作服（DE：Berufsbekleidung；EN：Workware）

详见制服（Uniform）的注释。

投诉处理（DE：Besch werdemanagement；
EN：Dealing with complaint）

对酒店来说，投诉这个词意味着敲响警钟。投诉这个词是贬义词，听上去代表了客人不满和客人有某种亟待解决的问题。但是，酒店员工应把投诉视为礼物。酒店员工应清醒地意识到：如果客人投诉了，要为此做出正确的处理，最理想的情况是能赢得一位回头客。

值得注意的是，如果投诉率很低，这不一定是一个好兆头。投诉的毕竟是极少数的客人。一般来说，对酒店不满的客人往往没有表示任何抱怨，就转住到竞争对手那里，而酒店并不知道客人的不满。大部分投诉的客人通常对酒店至少抱有希望，希望酒店有所改善，毕竟过度挑剔的客人还是很少见的。

噪音干扰投诉

健身房投诉

投诉有瑕疵的野餐篮

投诉餐厅

每个不满意的客人平均会跟他朋友圈中十个人分享他的糟糕经历。与之相反的是，好的体验只会分享给三个人。

试想一下

您将要在四星级高级酒店度过您的冬季假期。经过长途跋涉，您于下午1点钟终于抵达酒店，十分渴望能立即到客房里休息放松一下。但是，当您办理入住手续时，前台接待员告诉您房间尚未准备好，并请求您在大堂等候。在等待过程中，您的心情每时每刻都在变差。您后悔订了这家酒店。等了一个多小时后，您忍不住询问前台接待员房间是否可以入住。但她回答，根据酒店的规定，房间必须要到下午4点钟才能入住，您必须继续等待。此刻您怒不可遏，真想立即拂袖而去……

办理入住手续时，您获悉您的房间还没有准备好。前台接待员立刻联系客房部，然后告诉您房间将在大约一个小时准备好，并问您："在此期间您要不要在我们酒店的酒吧等候？我们很乐意邀请您喝杯咖啡并品尝一块蛋糕。"在这种情况下，您自然会心生不悦。接待员注视着您并补充道："在等候期间，我们替您保管行李。健身区域已经开放，如果您愿意，您可以马上使用，我们会将您的行李送到您的房间。一旦您的房间准备就绪，我们会立刻通知您。"

原则上，第一个例子中的接待员所说的都是实情。房间必须在约定的时间才可入住。但接待员的反应与措辞从一开始就让您恼火。您现在会用批判性的眼光看待每件小事，可以保证的是，还真能发现更多值得投诉的点——想找问题的客人，总能每时每刻都挑出毛病。

投诉处理分为主动投诉处理和被动投诉处理两种。主动投诉处理是指酒店邀请客人对运营和服务质量发表评论。投诉有口头投诉和宾客意见调查表两种方式。主动投诉处理的优势在于，当发生客人投诉时，酒店员工是有准备的。此外，在书面投诉的情况下，工作人员无需立刻做出反应，可以花些时间用心思考应对措施。

在宾客意见调查表上留下地址的客人，将会收到酒店的书面道歉信。这种做法会让客人觉得酒店重视他们，认真对待他们的意见，客人的不满情绪将会得到缓解。一般情况下，酒店除了陈述适当的解决方案外，还会赠送一份小礼物来向客人表达诚挚的歉意，例如，一张双人晚餐的代金券。

当客人向酒店员工提出投诉或表达不满时，可以称之为被动投诉处理。

> **小贴士**
> 将宾客意见调查表与抽奖游戏相结合。这样能激励客人积极参与填写意见调查表。注意：抽奖游戏必须始终作为单独的附件包含在调查表中。酒店不应强迫客人在问卷中输入地址——客人有保持匿名的选择权。

> **小贴士**
> 客人应该只会对同一件事抱怨一次。如果客人两次遇到同样的问题，他们自然会怀疑酒店处理投诉的效率。

　　此时问题不在于错误本身，而在于如何对待错误，以及处理投诉的方式。

　　如果酒店对客人的投诉做出专业的反应，仍然可以在本质上扭转事态。对待客人投诉，酒店方快速调查、友好表态和富有前瞻性的回应，一定会比许多生搬硬套的或类似广告的语言更能带来有益的影响。能否将"沮丧"的客人变成热情的回头常住客，决定权掌握在酒店前台员工的手中。一旦失去客人，必须投入很高的营销成本才能弥补损失。

　　如果客人觉得自己遭受了不公平待遇，他可能会做出较为激烈反应并且语气带有攻击性。前台工作员工必须理解客人，努力将客人的消极体验转变为积极体验。

　　研究投诉的起因、化解抱怨并给客人提供让其感到欣喜的补偿，例如小礼物、小赠品、价格折扣等举措是至关重要的。客人能从大量相同标准的酒店中选择这家酒店，就是认为这家酒店会超出自己的期望。客人对酒店的服务感到惊喜，员工们工作主动积极、全力以赴，都会让客人在离店时对下次入住充满着期待。这也正是我们酒店与其他酒店的不同之处。

　　酒店员工应以细致、友好和乐于助人的方式来处理投诉。被投诉的员工必须接受必要的培训，并对客人的反馈予以重视，如必须上报经理，并且必须通过正式沟通的方式将处理结果传达给客人。大多数酒店都有明确的规定，可以为哪些投诉提供哪些补偿及相应金额。根据问题的严重程度，补偿可能包括：提供服务进行弥补、房间升级甚至额外的免费住宿。这些规定明确指出了哪些补偿可以由前台以及前台经理级别人员提供，达到多少金额则必须由前台经理/值班经理/酒店总经理来审批。

这样做

正确回应客人的投诉

当客人投诉时，通常客人和员工都会感觉不快。为了专业且完美地处理客人的投诉，必须采取分步法来解决问题。

①认真倾听

通常客人来前台投诉时，都会表现出情绪激动或沮丧。酒店员工的正确做法是：
- 保持与客人的目光接触。
- 不要打断客人的讲话，而要仔细聆听。
- 通过认真对待客人提出的要求，建立起与客人之间的信任。
- 记录重要的投诉关键点。
- 停下您手头上所有的其他工作。
- 在理想情况下，请客人到不受干扰的地方就座。

②回应

- 以同理心回应客人的投诉。
- 不要把这些投诉当成针对您个人的，也不要让自己被激怒。
- 保持冷静心情和客观视角！
- 设身处地为客人着想，让他们明白您很重视他们和他们的诉求。

③投诉分类

- 用您自己的话来总结问题，以确保您完全理解客人所要反映的问题。
- 将投诉按照内部指定的类别进行分类。请思考：这个投诉属于谁的职责范围？投诉有多严重？谁负责？前台员工可以处理这个投诉还是应该请经理处理？

- 让客人知道，您正在努力寻找解决方案。
- 如有必要，请为客人提供一些饮料，让客人缓解一下情绪。

④ 寻找解决方案
- 找出谁可以帮助您解决问题，哪个部门负责？
- 联系负责人，陈述客人不满意的原因。
- 询问该负责人，问题能否解决、如何解决以及解决问题需要多长时间？

⑤ 告知客人
- 向客人说明酒店正在采取哪些措施来解决他的问题。
- 告诉客人问题有望解决的大致时间。

⑥ 补偿
- 请给客人提供与投诉相应的补偿。补偿并不一定是房间升级、餐厅代金券或免费住宿。例如，对于"小"投诉，一张咖啡和蛋糕券、一个水果盘或一瓶自酿气泡酒就足够了。
- 询问客人是否同意这个提议。
- 记下您承诺提供给客人的东西。如此一来，您可以检查您的承诺是否已经兑现。如果这位客人再次询问，您的同事也可以立即回复。
- 只向客人承诺您权力范围内能提供的补偿——最糟糕的是您承诺了补偿，却无法兑现。

标准话术

引言(Introduction)

- 关于您的……信件/电子邮件,我们进行了仔细阅读,了解到……您对我们的一些服务/房间的清洁/健身房的开放时间/餐厅的餐点等感到不满意,对此我们深表遗憾。

- 非常感谢您的反馈意见。您提到/注意到的不足和问题与我们致力提倡的对客标准不符,我们在此郑重向您道歉。

- 来自客人的建设性意见反馈是敦促我们不断改进和完善的根本动力。我们为此向您表示衷心的感谢!我们为所犯的错误道歉,并附上价值……元的代金券作为小小的补偿,您可以随时在我们的酒店/餐厅/健身房/酒吧等处兑换使用。

房间投诉(损坏/设备/清洁度/家具)

- 我们已与管家/负责的客房服务员进行了反馈说明,并已采取了适当的培训措施。

厨房/餐厅的服务投诉

- 满足客人的高要求是我们工作的重中之重——让我们遗憾的是,我们的厨房团队/服务团队没有达到这个要求。我们已经与厨师/餐厅经理就您提到的情况进行了交流,并已采取适当的培训措施。您的建设性意见反馈证实了我们的理念,即不断落实员工培训措施。

错误的计价

- 我们很抱歉,在您的……账单上记错了房价。我们会退还您差额,并将其立即转入您的……银行账户。

取消费用计算有误

- 根据国际酒店惯例关于取消费用为房价……%的条款——基于我们的长期合作/您的个人事实/您的观点/您的个人情况,在您说明的情况下,我们将不会向您发送未使用房间的收款通知单。

员工/管理/健康服务的投诉

- 我们十分重视员工的友善、专业和能力。本酒店员工/我们……的员工没能满足您的要求,对此,我们深感遗憾。

- 我们已经与负责部门的领导进行了沟通,并已采取适当的培训措施。您的建设性意见反馈强化了我们不断落实员工培训措施的理念。

健康设施 / 水疗 / 房间 / 餐厅老旧 / 设施不匹配客人的需求

- 您提到 / 注意到 / 不满意和发现的问题,绝不符合我们的服务标准,我们特向您汇报处理情况如下:从 9 月 20 日开始,我们计划对康养设施区 / 三楼 / 南侧的房间 / 餐厅等进行翻新。我们很乐意为您预订从 11 月 20 日起的下一次入住,并提供一间新房 / 您可以在我们全新装修的健身房放松身心 / 您可以在我们重新装修的餐厅尽情享受美食等。作为补偿,我们略表心意,附上一张价值为……元的代金券,您可以在我们的酒店 / 餐厅 / 健身房 / 酒吧等处兑换使用。

忘记叫醒服务

- 我们十分重视员工的友善、专业和能力。由于我们前台员工的工作疏忽,没能按时为您提供叫醒服务,我们对此深感遗憾和抱歉。我们已经与负责部门的领导进行了沟通说明,并已采取相应的措施。在坚持不懈进行员工培训这一方面,您的建设性意见与我们的服务理念完全一致。尽管我们深知,无论我们怎么做,也无法弥补您的损失,但是我们十分珍惜您作为我们的贵宾 / 常住客,因此请允许我们附上价值为……元的代金券略表心意,您可以随时在本酒店兑换使用。

结束语

- 我们希望您对处理结果感到满意,期待您再次莅临我们的酒店,并接受我们竭诚为您提供的宾至如归的服务!我们代表整个团队感谢您的反馈 / 您的回信 / 您的开诚布公的建议 / 您的坦诚,这些建议对我们非常重要,能够促进我们不断改进和优化服务。如果您能再给我们一次机会,我们将不胜感激。

更多处理投诉的建议

我们应清晰地认识到:投诉通常不是针对员工个人,而是可能针对其他员工或没有达到客人预期的服务。认真对待投诉,但不要把投诉当作针对某个员工个人的行为。

有什么不清楚的情况就去询问,而不是说教。

对于棘手的问题,可以请客人到一个安静的空间来交谈。

请不要把责任推给同事,也不要找托词。

员工应该尽量展现其工作能力,保持自信,向客人传递信赖感并理解客人的意愿。

同时,员工端庄的姿势、友好和开放的手势以及礼貌而果断的语气(在无理投诉的情况下)会显得更加专业。不要惧怕客人所说的一些具有冒犯性或者不当的言辞,你有权对不当言辞加以反驳。

对客人的需求表示关心。

> 非常抱歉给您带来不便

请注意，这种说法仅仅是在表达遗憾，员工不必产生自责情绪。如果真的是酒店方的过失，员工可以道歉。

应该尽量去关注客人不满意的原因，要尽可能让客人感受到或看到你的诚意。例如，做笔记或立即通知有关部门。

尽量去寻找替代方案，不要进行争论，不要为自己辩解，而是要提供令客人满意的解决方案。

> 我知道您对此非常不满，因此我建议采取以下行动……

对客人的建议表示感谢。将良好的建议吸纳进工作中以提高服务质量。

最后请亲自确认，客人投诉的问题是否已得到真正的解决，或者是否已给客人提供足够的赔偿，询问客人对问题的解决方案是否满意。

- 如果客人在离店时或离店后以书面形式或在预订平台上提出投诉，请以书面形式回复他投诉的问题是如何解决的，最好附上照片。另外，切勿忘记感谢客人提供的信息。
- 所有的投诉，连同其解决方案都要有记录备查。记住：还要将结果告知您的同事，以防再次出现同样的投诉。
- 如果发现客人有某些困扰，应该鼓励客人积极地说出来，并在客史资料中记录相应信息。
- 应该尽量把握时机与客人进行交谈，且不要打断客人。在轻松愉快的闲聊中，酒店员工可以轻易感知客人对酒店的喜欢程度、采纳的改进建议，以及客人额外的需求。尽量在客人住店期间与之保持联系，如果客人已经离店，通常为时已晚。

最优惠价格（DE/EN：BEST AVAILABLE RATE）

详见 BAR（最优惠价格）。

最佳弹性价格（DE/EN：BEST FLEXIBLE RATE）

详见 BAR（最优惠价格）。

特惠房（DE：BEST-PRICE-ZIMMER；EN：BEST-PRICE-ROOM）

在短时间内以较低价格出售的客房（类似于限时特惠）。

广告牌效应（DE：BILLBOARD-EFFEKT；EN：BILLBOARD-EFFECT）

客人通常会在在线预订网站上搜索酒店。当他们遇到喜欢的酒店时，他们会访问酒店官方网站，以获取更多信息，当然也经常直接在酒店网站上预订房间。人们称之为广告牌效应，也就是说，如果一家酒店被列入不同的在线旅行社（OTA：Online Travel Agency）的酒店名录，这会使客人通过酒店官网直接预订的数量增加。

虽然广告牌效应的认知间接影响了前台的日常工作，但它却对销售和网络营销战略产生了深远而广泛的影响。通过多个在线旅行社和酒店官网对酒店产品进行推广销售，与利用在线评价平台（如大众点评、美团等）创建和管理酒店品牌一样重要。酒店在互联网上的曝光率越高（在销售和社交媒体平台上），客人对酒店产品的信心就越足——从而进一步提升了客人在酒店官网直接预订的概率。

为了激发潜在客人的兴趣，酒店网站必须能足够吸引眼球，并尽量满足客人的期望。因此，酒店网站应经过专业设计，并做好日常维护。建议在酒店网站上添加网络预订引擎（Web-Booking-Engine），使客人可以方便快捷地通过该引擎直接预订。

消防（DE：Brandschutz；EN：Fire Control）

我国法律规定，消防安全是酒店人身财产安全最重要的组成部分之一。酒店的一切消防安全设备设施和工作都需做到万无一失，以防火灾发生。

起火的原因
- 电气设备和系统发生故障或使用不当
- 家具、纺织品等中的易燃材料
- 吸烟
- 焊接作业之类维修工作
- 厨房区域的电器，例如电器不正当使用或食物（油）过热引发起火
- 雷击
- 人为疏忽的原因
- 纵火

消防措施

酒店的消防措施必须符合国家消防安全的相关法律法规。消防设施必须通过政府部门的常规检查。消防设施包括灭火器、烟雾和火灾报警器、自动排烟器、喷水灭火装置和防雷等装置。

酒店必须检查逃生路线。通往楼梯的逃生路线必须有明确的标记以便快速且易通过，并配备自动排烟口。同时，逃生路线必须配有独立电源的应急照明。在走廊上，必须配备清晰可见的按钮报警器。此外，必须安装独立运行的自动火灾报警系统。必须制定火灾报警方案，定期培训员工并进行消防应急演练。

公司的消防专员负责所有消防安全措施的正常运行。消防专员按照国家消防部门批准的检查清单来检查酒店的建筑结构（防火分区、防火和防烟门上的锁定装置）、设备（应急照明、火灾报警器、灭火器、通风系统、加热装置、电气系统等）、火灾中的组织和指令等消防安全状况。消防专员还负责所有员工的消防演习、内部指导和培训（消防设施）的定期实施和记录。

逃生路线图

逃生路线图旨在为客人提供发生火灾时如何行动的信息。所有客房必须张贴逃生路线图。逃生路线图通常挂在房门背面。

逃生路线图必须简单易懂，位置标注清晰（带有位置说明），并配有多种语言说明。逃生路线图应该能向客人展示完整的酒店安全标准。

逃生路线图必须包含以下内容：
- 酒店安全标准（消防措施或设备，例如火灾报警器、防火门）。
- 位置。
- 逃生路线和紧急出口，由目前所处位置开始。
- 标注距离最近的火灾报警器和灭火器。
- 电话号码（总台和消防队）。
- 消防措施。
- 发生火灾时该怎么做。
- 附有简短描述，介绍在火灾发生情况下，即使是客人对所有在场人员的安全也同样负有相应责任；最好使用礼貌且富有人情味的措辞，并以所有客人和员工的名义表达感谢及落款。

针对客人的防火措施
- 禁止吸烟。
- 请勿在客房内点燃明火。
- 请勿将任何灰烬、火柴、残留的香烟之类的东西扔进废纸篓中。
- 禁止使用房间内没有配备的任何其他加热或取暖设备（例如电热毯、浸入式加热器）。

客人在发生火灾时的正确做法
- 如果发生火灾，您会收到通知——请保持冷静。
- 立即报告发生了火灾。
- 听从工作人员的指示。
- 发生火灾时请勿使用电梯。
- 如果过道里到处烟雾弥漫，请留在房间里——这样做能为您提供保护。
- 在密闭的窗口旁尽力引起别人的注意。
- 等待消防队员的到达。

酒店员工在发生火灾时的正确做法

酒店员工应该提前了解无障碍逃生路线、灭火器所在位置、紧急电话号码，以及发生火灾时的正确做法：报警—救援—灭火。酒店管理人员必须在员工上岗前或入职时，对其进行这方面的指导和培训。

- 发生火灾时要冷静处事——手忙脚乱和惊慌失措通常会导致错误的行为做法。
- 如果酒店没有安装火灾报警器，请立即通知消防队。
- 酒店员工关上楼层的防火门。
- 把受伤的人员疏散到安全的地方，向身处危险的人员发出警告。
- 通知员工、其他部门同事和客人。
- 找到火源，并采取措施；如果可能，使用现有的灭火设备对准火焰底部灭火。可以同时使用多个灭火器灭火，而不是依次使用单个灭火器灭火！

总价（DE：Bruttorate；EN：Total grossrate）

当与旅行社、旅游经营者或旅游中介合作时，会涉及总价，即包括佣金在内的价格，这也是客人支付给相应销售渠道的价格。酒店收到的是总价与佣金之间的差额，即净价。

> 一般来说，总价是包括所有税费的价格。

预订（DE：Buchung；EN：Booking）

详见预订（Reservation）。

自助餐（DE/EN：BUFFET）

酒店提供自助餐时，食物和饮料不会被送到每位客人的餐桌上。客人可以自行随意挑选餐厅提供的各种（冷热）菜肴和饮料。

> 对于酒店来说，自助餐的优势是所需的服务人员较少。即便如此，酒店还是需要服务人员来保持自助餐桌清洁，并及时清理客人的餐桌。

根据活动类型，自助餐可分为开放式自助餐和封闭式自助餐。开放式自助餐是指所有客人都可以在一天中的特定时间和特定地点用餐，例如，每位客人支付相同的费用之后享用的早午餐等。

相反的，封闭式自助餐是根据预订的要求及参加客人的数量（通常在单独的房间内）而组织的自助餐，费用由预订者结算。

商务中心（DE/EN：Business Center）

许多客人在入住期间，希望能打印文件、检索有关信息或出于职业原因需要使用计算机。为此，许多酒店设有专门的商务中心，提供的服务范围也很广，从秘书服务（Secretarial Service）到安排视频会议的互联网接入，再到笔记本电脑或平板电脑的租赁等服务。

商务旅客（DE/EN：Business Traveller）

商务旅客通常希望快速办理入住和退房手续。最受欢迎的形式是：在到达酒店前在线办理好入住手续，并且在房间内就可以办理快速退房手续。带有工作区域及笔记本电脑接口，以及稳定 Wi-Fi 的客房，对商务旅客来说尤为重要。商务旅客通常会一大早就离开酒店，因此他们很需要类似叫醒服务，以及商务早餐、外带咖啡等服务。尤其是当他们在深夜抵达酒店时，可以享受客房内品种丰富的迷你吧，他们还希望健身房能延长开放时间。但商务旅客通常对观光小贴士不太感兴趣。

如果公司定期将员工安置在同一家酒店，那么这家酒店有时会为该公司提供特殊的优惠条件，例如：缩短取消预订的时间。

大集团公司通常有自己的旅行社，也称为旅行社办事处，负责管理整个集团的旅行业务。集团各个部门不用自己预订酒店和航班，而是通过旅行社办事处的员工预订。该领域的主要供应商有差旅随行、国际商旅、美国运通旅行社等。

酒店接待

C

从餐饮服务

到

客户关系管理

餐饮服务（DE/EN：Catering）

原则上，餐饮服务是指由酒店提供食物和饮料的服务，可分为内部餐饮和外部餐饮。内部餐饮指的是在酒店内部发生并由酒店提供餐饮服务活动。外部餐饮（外卖）是指为在酒店外举办的活动提供餐饮的服务。

酒店外举行的餐饮活动可以带来可观的收入，同时不会给酒店自己的场所带来额外负担。外部餐饮有不同的模式——从单项服务到全方位服务，应有尽有。酒店提供的食品和饮料配送称为餐饮配送。虽然整个餐饮服务活动都是在酒店外进行的（全方位服务餐饮），酒店仍须准备好存货清单。

如果酒店想在外部餐饮领域取得成功，就必须具有独立提供全方位服务的能力。与宴会业务相比，外部餐饮的成功更取决于精心的策划。重要的策划工具包括：宴会信息资源包、（设备）功能表、检查清单、备忘录、存货清单、日程表、活动组织计划等。

中央预订系统（DE/EN：Central Reservation System）

中央预订系统（CRS）是酒店及其销售合作渠道用来管理房源、房价和基本酒店信息的系统。CRS 被旅行社、航空公司以及分销和营销合作方（例如最佳西方国际集团、希尔顿酒店）广泛采用。希尔顿酒店集团现在也使用 CRS 作为其成员酒店的互联网销售平台。

渠道管理（DE/EN：Channel Management）

协调各种电子销售渠道的价格和房态是一件十分复杂的事情。因为，在所有的在线旅行社（OTA）中，提供差异化的性价比需要投入大量的时间和精力。第一种方式是，根据给定的收入和收益管理选项手动控制每个旅游平台的价格。第二种方式是，通过渠道管理软件（CMS）来管理价格。这个软件能管理不同平台上的可售房间数量并相互比较价格，提升预订便捷性。渠道管理软件以酒店经营者设定的价格自动维护所有系统。

渠道管理软件的一个优势是自动获取可售房的数量，这意味着酒店可以销售到最后一刻。如果在一段时间内没有更多可售房，渠道管理软件会自动关闭该销售渠道。这样可以防止超额预订，并保证酒店实现入住率的最大化。

设置渠道管理软件时，请务必注意预订平台的不同结构。一些平台使用房价，一些平台使用人均价格。此外，不能直接进行预订的平台依然需要提供当前房间价格、可售房数量和图片。

酒店管理系统、渠道管理和在线旅行社（OTA）之间存在单向（仅导出）或双向接口（数据或预订的导出和导入）。

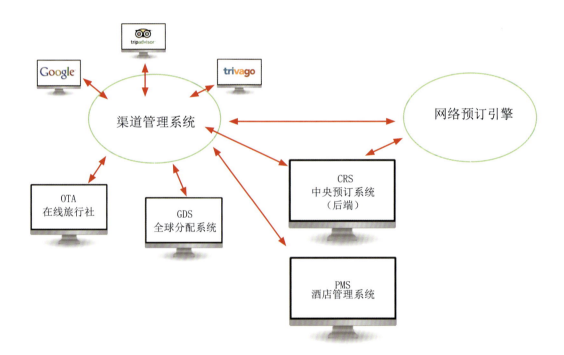

入住（DE/EN：Check-in）

客人到店后要办理入住登记手续。客人的登记手续绝大部分在前台完成。入住手续略有不同，具体取决于他们是散客还是团体客人，或是无预订自入客人。近年来，有些品牌酒店陆续推出了通过手机办理入住手续的功能（Mobile Check-in），用科技手段为客人提供更加便捷的入住体验。

入住登记流程

酒店接待 C

> **这样做**

已预订客人的入住登记

·一旦客人在酒店正门口停车，酒店员工应该立即表示关注，通知行李员协助客人并指引客人泊车。

·热情友好地迎接客人的到来。

·准备好到店名单（Arrival List），以及与客人的通信信息记录。

·为客人提供欢迎饮料并询问到店情况。

入住登记通常在大堂进行。客人享受欢迎饮料的同时，前台员工在电脑上为客人办理入住手续。

酒店员工请求客人（除非他是常住客）提供身份证或其他有效证件（在中国，每一位住店客人都必须提供身份证或者其他有效证件），并替客人完善客人信息登记表。如果客人之前曾入住过酒店，夜班或早班员工应提前填写详细信息。通过在线平台预订的客人，其信息会被输入到客人档案中，然后被打印出来。客人只需在入住时核对信息并签字即可。

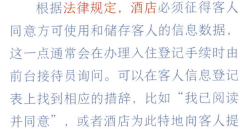

根据法律规定，酒店必须征得客人同意方可使用和储存客人的信息数据，这一点通常会在办理入住登记手续时由前台接待员询问。可以在客人信息登记表上找到相应的措辞，比如"我已阅读并同意"，或者酒店为此特地向客人提供一张单独的表格。

·提醒行李员帮助客人搬运行李。

·如果是旅行社客人，则必须索取订房凭证（原件），将其与客人资料一起保存在收银台，用于后期与旅行社的结算。当旅行社客人到店时，必须将预订的服务与凭证进行对照。

·给客人房间钥匙或房卡。如果多位客人住在同一间客房，每位客人都应收到自己的钥匙或单独的房卡。除了房费外，其他消费均需挂入房账，这一点尤其重要。

045

专家对此表示

出于信息保护的原因，前台员工请勿大声说出房间号。请用手指明确指向钥匙上的房间号或房卡卡套，这样说：

> 这是您的房间号。

另外，不要在大厅里大声喊出客人的名字。但在前台应当用姓名称呼客人——尤其是常住客。

这样做

· 如果可能的话，将客人送到房间。无论如何，至少要告诉客人，他或者她的房间在哪一层，并指给客人通往电梯的路线。

· 另外还要告知客人存放贵重物品的可选方式、早餐和晚餐时间，以及常用的路线，例如去餐厅、早餐厅、健身房、会议室的路线。给客人提供这些信息就足够了，不应用过多信息打扰客人。

· 向客人告知客房内的电源、电灯开关、电视、电话、逃生路线等信息。

· 最后，祝客人入住愉快。

> 客人来得太早，房间还没准备好怎么办？在这种情况下，礼貌地告知客人等待的时间（这点很重要），并请他们坐下喝一杯饮品。

无预订自入客人的入住登记（Check-in of Walk-in-Guests）

无预订自入客人是指没有预订就直接到店入住的客人，这种情况我们通常简称直接预订。应在办理此类登记入住手续时进行以下操作：

· 检查客人所需房间是否有可售房。

· 告知客人房间、设施（小册子）和优惠活动，以及酒店服务（活动安排、餐饮范围、休闲和运动设施、停车设施、无线局域网）的可用性和价格。

・向客人提供当地的优惠服务信息（公共交通、旅游景点、文化活动等）。

・告知客人物品存放的方式。

・请客人提供身份证明，并填写客人信息登记表。如果客人之前入住过酒店，他们的信息应该可以在 酒店管理系统 中查到和导出。客人只需检查核实并签字即可（在中国，每一位住店客人都必须在入住时提供身份证或者其他有效证件）。

・在酒店管理系统中为客人办理登记入住手续，也可按需创建新的客户档案。

・如果直接到店的客人是常住客，则在登记入住时无需考虑账单支付问题。但是如果是酒店不太熟悉的客人，则应提前预付整个住宿期间的费用。根据已预付房费的天数，激活相应期限的房卡。

・最后，祝客人入住愉快。

无论是根据欧盟的《通用数据保护条例》，还是根据《中华人民共和国个人信息保护法》，使用和存储客人的信息数据，必须征得客人的同意，这个过程通常在办理入住手续时完成。客人信息登记表上可找到相应的表述，或者酒店为此特地向客人提供一张单独的表格。

团体的登记入住（Group Check-in）

若酒店条件允许，团体登记入住应在远离前台的单独区域办理，以免干扰前台的正常工作。

- 准备好团体客人名单，如果预订发生变化，前台员工应在团队登记入住时，打开酒店管理系统中的 房间计划（Room Plan）做相应调整。
- 交付房卡：记得在团队到达之前激活所需的钥匙或者房卡。
- 请导游或司机填写客人信息登记表。
- 告知（导游或司机）酒店重要的路线。并向导游提供重要的信息，例如：早餐时间。
- 对于预定好的行李搬运服务（搬运费），必须安排行李运输。

快速登记入住和商务登记入住（Quick-Check-in and Business-Check-in）

快速入住通常用于团体入住。酒店已提前收到团队客人名单，并根据名单提前排房，准备好钥匙/房卡。导游只需填写客人信息登记表即可。

商务入住时，客人大多来自酒店的协议公司，由于 商务客人 通常没有太多时间，应尽快办理登记入住手续。必须为登记入住准备好一切（填写并打印客人信息登记表、激活房卡或准备钥匙）。客人只需在客人信息登记表上签字。当然，这样做的前提是必须预先掌握客人的信息。

自助登记入住（Self-Check-in）

数字化也能在登记入住时大显身手，即智能自助登记入住。到目前为止，主要是大中城市和大型商务酒店能够提供这种选择。客人在预订时提供应有信息，并在抵达酒店后，在大堂的入住登记终端/触摸屏上自行办理入住登记手续，并顺利拿到房卡或进入房间的密码。

退房（Check-out）

退房也称办理离店手续。退房通常是在离店当天的上午进行。酒店在其一般性商业条款中规定了退房的时间（中国通常在中午 12:00 之前）。为了能给客人留下完整的美好回忆，在离店和退房期间，提供贴心服务也是十分重要的。

退房流程 1

退房流程 2

试想一下

作为游客，您和伴侣在一家养生酒店（Wellness Hotel）舒适地度过了几天。一切都让您非常满意。退房当天，您在早餐后询问前台员工（Receptionist），您是否还可以使用健身房，并且延长房间的使用时间。

哪个酒店更会留下更好的回忆？

退房时间不晚于中午 12:00——如果您想延长房间使用时间，那么您必须支付 50% 的日房租。

我们很高兴您喜欢我们的酒店。我们酒店规定的退房时间为不晚于中午 12:00，因为这间房间又被预订了，所以我们需要将房间打扫好给下一位客人。但欢迎您今天继续使用健身房。健身房可为您提供带锁的衣帽间和毛巾。我们很乐意将您的行李存放在行李房。如果允许我们为您寄存行李，请告知我们。

如果您愿意，我也可以为您预约水疗服务。

行李

搬运行李时，行李员应该先敲一下客房的门，礼貌地从客人处取走行李。行李被送到大堂行李寄存处，或在客人退房后送到客人的车或出租车上。

即使有的酒店不提供行李搬运服务，酒店员工也可以帮助年长或体弱的客人搬运行李。

这样做

在前台退房

- 酒店员工迎接客人并问:"先生/女士,有什么可以为您效劳的?"
- 询问房间号,并将其与酒店管理系统(Property Management System)中的客人姓名进行核对。汇总关键信息数据,如房间类别、入住时间、膳食/早餐等。
- 退房过程中询问客人是否满意酒店提供的服务。如果客人有投诉,前台员工可以在账单中考虑这一因素(中国酒店一般需要根据授权等级做处理)。前台员工要认真对待客人的任何投诉意见,并将其记录下来。
- 询问客人退房前有无消费或使用迷你吧,如有必要,即刻将其添加到客人账单中。
- 检查未结清项目如租用自行车的租金等。
- 向客人询问首选的付款方式。此外询问他是否有任何账单要求(例如账单是否需要拆分等)。
- 打印账单发票(即客人水单)。向客人出示收据和账单以备查。账单发票可以打印出来,或在屏幕上展示给客人。
- 如果账单无误,请选择适当的付款方式,并询问客人是否希望收到打印的发票(带或不带信封),或通过电子邮件发送给客人。
- 收款:可以通过现金、移动支付、借记卡或信用卡收款。在某些情况下,商务客人无需在退房时付款。酒店开具应收款账单并寄给客人的公司。账单保留在 Paymaster/City Ledger 上,并且仅在转账后才可被注销。
- 收款后,前台员工要对客人表示感谢。
- 交还客人存放的物品并取出储物柜钥匙。
- 请客人归还所有钥匙或房卡。
- 如有必要,送给客人一个小礼物(如健康礼包、自制糖果或酒店小礼品)。

给客人时间核对并回答任何提问,必要时向客人解释账单中的信息。

如果客人选择通过电子邮件发送发票,请不要忘记确认电子邮件地址。

・向客人表示感谢，并祝其一路平安。询问客人下一次的预订情况，是否可以提前为其预订房间。并告知客人合适的活动、计划的套餐等信息。

下一次高尔夫锦标赛将于 5 月举行。如果您会参加，那我现在就提前给您订房间。

请您注意法定保存期限！

・在客人信息登记表中输入客人的离店日期或以电子方式发出。

・当客人同意他 / 她的数据可以记录在客人的客史档案中时，应及时更新客人的信息、要求和目的。

・发票有不同的存储处理方式，从无纸化办公角度讲，发票也可以进行数字化存储。

快速退房和商务退房（Quick-Check-out and Business-Check-out）

商务客人特别喜欢快速退房（QCO）。

在办理快速退房时，酒店要求客人确认承担的费用，客人可能提前或在离店前一晚支付房费。在离店的前一晚，前台员工应检查预订时是否已支付押金，或到店时是否已通过信用卡支付住宿费用。

如果是应收账款账单，即公司或旅行社为客人预订的账单，则需要预订人员提供明确的书面凭证，以便在客人未亲自到前台退房的情况下，可进行正确计费。所有收据的账单将通过邮寄或电子邮件的方式，发送给为客人付费的公司或旅行社。

在某些智慧型酒店，客人可以使用电视、信息屏幕、平板电脑或应用程序来付款和退房。客人通过其电子邮件收取发票。

延迟退房（Late-Check-out）

客人希望延迟退房通常是因为他们的航班或火车班次比较晚。对于酒店来说，是否可以延迟退房，一方面取决于酒店的内部规则，另一方面取决于当天的预订情况。

Late-Check-out
延迟退房

行李员领班（DE：Cheflohndiener/in；EN：Bell captain）

行李员领班负责组织行李的搬运，给行李搬运工和行李员提供必要的支持。

客户往来账（DE/EN：City Ledger）

详见 Paymaster。

金钥匙 （DE/EN：Clefs d'Or）

"Clefs d'Or"的意思是"金钥匙"，是礼宾司的徽章，被佩戴在外套领口上。许多经验丰富的礼宾司都是"金钥匙"协会的成员，并与来自世界各地的同事保持联系。

鸡尾酒会 （DE/EN：Cocktail party）

鸡尾酒会是一种起源于美国的餐饮活动形式，时间一般限制在两小时左右。鸡尾酒会通常在新闻招待会或产品发布会结束后举行。在鸡尾酒会上，客人的到来和离开都不受特定时间的限制，一般不设座位，最多在房间的边缘有几个座位。同时，分布着用于放置玻璃杯或盘子的小桌子，或立式桌子，活动期间服务员必须及时清理桌子。

鸡尾酒会上会配备少量菜肴以供客人选用，这些菜肴是作为零食而准备的，也可设置提供冷热菜肴的小型自助餐和提供饮品的小酒吧。通常，这些食物和饮品由服务人员提供。由服务员现场传送的自助餐（Flying Buffet）深受客人欢迎。

礼宾（DE/EN：Concierge）

礼宾是大厅的负责人，也被称为门卫。她/他负责直接接待客人，并为客人提供信息。她/他可以通过金钥匙徽章——附在制服上的镀金钥匙来识别。

高档的大酒店都有礼宾服务，尤其是大中型城市酒店。在假日酒店，前台员工经常承担礼宾的任务。不同酒店模式的礼宾任务也千差万别，具体包括：

- 为观光旅游、远足等客人登记；
- 为客人安排出租车和接送服务（例如机场接送服务）；
- 餐厅餐桌预订、高尔夫球场预订；
- 美容、保健和美发预订；
- 景点门票、剧院戏票、滑雪通行证等的组织安排；
- 提供火车和航班信息；
- 为客人提供鲜花、非处方药品等物品的代买；
- 观察（Study/Observe/Watch）进出人员；
- 发放房间钥匙（在确认客人身份后）；
- 处理邮件、快递业务（收发邮件）；
- 组织行李搬运。

礼宾需要良好的记忆力，并有较强的语言表达能力。许多信息，例如火车或航班时间，都可以通过互联网搜索，快速获取。因此一个良好的互联网浏览器设备（书签、收藏夹）在工作时必不可少。其他工具包括时间表、活动日历、重要电话号码（医院、出租车、幼儿园等）、汽车租赁、到店名单、离店名单（在店客人）、酒店指南、餐厅指南等。

专家对此表示

- 前台礼宾经常会面对客人提出的特殊要求——譬如租赁豪华汽车，或者设法买到一张几个月前就售罄的演唱会门票。为了满足这些要求，前台礼宾在酒店所处的城市里建立一张强大的关系网（例如金钥匙协会）就显得尤为重要了。当然，要满足客人的一些罕见要求，往往意味着背后要付出大量的协调和沟通工作。但是客人也会认可礼宾的辛劳，可能会慷慨地给予小费以示感谢。

晚上 10 点以后，夜审员或值夜门童（Night Auditor/Night Doorman）通常会接管礼宾员的工作。大酒店里有门童，在各项工作中为礼宾员提供支持和帮助。如果只有一个礼宾员，那么不会使用到"首席礼宾司"这一称呼。如果有几位礼宾员，那么他们的主管才可能是"首席礼宾司"。

在高端的大型酒店前台旁，会设置专属礼宾员的工作区域，专门用于为客人提供各种信息和服务，这个区域被称为礼宾台或者问询台。

礼宾台（DE/EN：Concierge Counter）

礼宾台也称为服务台（Concierge Desk）、问询台（Information Desk）或者行李房。

礼宾台，即礼宾员工作的地方，是紧邻前台的一块区域，通常位于高端大型酒店，该区域专门为客人提供各种信息和服务（由于现在酒店设计风格各异，有些酒店的礼宾台和前台不在同一楼层）。

保密价格（DE/EN：Confidential Rate）

保密价格是指涉及酒店和中间商之间需要保密的价格。保密价格通常针对那些通过目的地旅行社安排的个人旅行者。这些旅行社通常能拿到比官方房价更便宜的价格（最多可便宜 40%）。多数情况下，酒店和目的地旅行社双方商定的是净价。之所以给出这样的价格，是因为旅行社承诺并且保证他们会为酒店带来大量的客源。一般情况下，旅行社不会告知在他们平台订购旅行套餐的旅客这种与酒店之间的内部结算的底价。

连通房（DE/EN：Connecting Rooms）

连通房是通过连接门连通的客房，适用于那些不想通过酒店走廊进入到相邻房间的家庭客人。

大会（DE/EN：Convention）

参阅大型会议（Congress）的讲解。

会议办公室（DE：Convention Bureau；EN：Convention Office）

会议办公室是公司或者机构组织大型活动、大型会议或一般会议的联络点。

企业形象（DE/EN：Corporate Identity）

企业形象是一个源自市场营销的概念。它代表着一家企业的自我认知以及企业的身份认同。企业形象反映了企业对外的自我认知，也展示了它在企业员工、客户以及公众心目中的总体印象。企业形象赋予了酒店一种独特又鲜明的诠释，比如在酒店或者宣传册上反复出现的颜色、字母、图形和标志，以及工作人员统一的制服。

此外，企业形象还包括以下内容。

- 公司法人、企业法人；
- 公司信息：酒店信息，例如酒店各自独特的服务介绍；
- 企业设计（CD）：从信纸上的 Logo 到酒店的外观设计、标牌再到酒店网站和酒店的广告工具，无一不精确展示着企业的外在形象；
- 企业传播（CC）：协调使用所有传播手段以及核心的传播战略；
- 企业行为（CB）：要有良好的企业行为，比如良好的工作氛围以及酒店工作人员对待客人的行为规范（如：当客人来到前台时，要起身迎接）。

允许哪些信息被传播出酒店，以及如何传播？比如您如何谈论酒店内外的所有利益相关方等？

公司协议价（DE/EN：Corporate Rate）

公司协议价是指公司合同价，也就是专门针对公司、集团、组织以及社团等的特殊价格。协议价通常比门市价和最优惠价格（BAR）低 10% 至 25%。实际折扣力度也取决于该公司在这家酒店里预订和使用的房晚数。

注意：最优惠价格保障只提供给商务客人在酒店的直接预订，这样其他的客人通过在线旅行商预订时就找不到更便宜的价格，这点十分重要。

专家对此表示

- 通常，一些酒店也会为商务旅客提供公司协议价，然后根据不同情况（如在淡季），通过线上预订平台为他们提供更低的价格。客人会很赞赏那些为常客提供最实惠价格的酒店。同时，酒店一旦发布比所约定的公司协议价更优惠的价格后，这种优惠价格也会自动应用于公司今后类似情况的预订。

中央预订系统（DE/EN：CRS）

详见中央预订系统（Central Reservations System）。

客户关系管理（DE/EN：CRM，Customer Relationship Management）

客户关系管理（CRM）是指酒店对于建立和发展互惠互利的长期客户关系的管理。这项工作很有意义，一方面因为吸纳新客户的成本远高于维持现有客户的成本；另一方面，据研究表明，如果酒店能长期维持好给酒店带来最多盈利的这部分客户的话，客户流失率降低5%可能就意味着利润率上升85%。因此，酒店应有针对性地投入时间和物质奖励，用于维护客户关系。

客户关系管理分类

协作型客户关系管理	实践型客户关系管理	分析型客户关系管理
通过销售和沟通渠道的互动进行客户管理	**通过全生命周期进行客户关系管理**	**客户相关数据管理**
在客户关系管理中，创造尽可能多的沟通渠道。与客户的每一次沟通都要保留记录，以备所有的相关工作人员，特别是前台接待员工能够随时查看。	从第一次问询到业务关系结束，客户的路径和行为都可以详细追溯。从问询到预订、投诉，客户每次与酒店的互动，他们的理由和所涉及的工作人员都会被记录在册。	存储的客户数据材料，即客人各自的特点和偏好将会被系统地加工和评估，用于未来的营销行为。

酒店业的客户关系管理流程

市场营销专家哈拉尔德·哈夫纳称，以下客户关系管理流程对一家酒店来说至关重要。

市场营销部门

- 战略性营销策划；
- 实践型项目策划；
- 活动策划、活动执行、活动分析（日期安排和活动管控）；
- 客户忠诚度管理、投诉管理。

销售部

- 联系人管理、关键客户管理（重大客户管理）；
- 信息输入加工；
- 信息提供（问询）；
- 报价管理；
- 订单管理（准备、进度、付款）。

前台

- 入住；
- 咨询（提供信息、销售、推荐）；
- 照管（保管、交付、更改、处理投诉）；
- 退房。

支持客户关系管理的酒店管理系统

客户关系管理要通过酒店管理系统（PMS）里相应的应用程序提供技术支持，这些应用程序管理和评估客户的数据，并使其能够用于邮件发送。酒店管理系统中的客户关系管理应用程序有助于建立数据库，用于针对性客户的吸纳和关系维护，甚至能甄别出最有价值的客户群。在客户关系管理中，如果不对那些看似微不足道的数据加以系统收集、整理和分析，那么基本不可能实现人性化、个性化的服务，因此认真做好数据维护工作是必不可少的。再有，涉及一些与酒店特别相关的附加信息，应该在与酒店员工广泛商讨之后，由市场营销部领导汇报并请示酒店管理层，再进行最终确定。

> 常用的酒店软件通常会自动将客户关系管理以客户档案的形式整合到一起。

酒店管理系统可以存储各种信息，比如视频和照片。这些信息可以添加到对客人问询的回复或者订单确认时。通常，掩码软件界面可以满足酒店特殊的要求。如果酒店经营者想在数据库营销方面使用这个软件，那么必须确保掩码是能够被设计的，并且设计得当。此外，必须能够根据公司相关的标准从收集的数据中选择客人。

根据哈拉尔德·哈夫纳的理论，为了酒店的市场营销工作，订单被输入酒店管理系统中时，营业额以及房晚数/人晚数最好使用以下代码。

•市场代码：这提供了客户的旅游动机，比如休闲度假、人文观光（异地个人旅游 =FIT）。

•来源代码：这展示了客户是如何进行预订的，例如通过网络、电话，还是直接在柜台预订的。

•渠道代码：这展示了通信渠道，比如电话、邮件、网络以及酒店网页（问询表）。

在营销工作中利用这些代码是非常有益的。当然，这些代码环境（Code-landscape）也必须能在酒店管理系统中找到。大多数酒店管理系统提供商会在他们的预订掩码中，以选择框的形式呈现这些代码名称。完成的每次预订，都会归纳入这些代码中。这保障了那些报告数据的可用性和说服力。

为了区分不同类型的客人，酒店通常会使用内部缩写以及选择代码，比如"ILT"代表个人休闲旅客（个人旅行者），"IBT"代表个人商务客人（商务旅行者，研讨会嘉宾以及会议嘉宾），"GLT"代表休闲团队客人（随团旅行者），"GBT"代表商务团队客人（会议或者奖励性（incentive）团体旅行者）。

专家对此表示

- 需要强调的一点是,所有参与客人服务的部门都要能够访问并维护数据(比如客房部员工可以提供关于客人行为的重要信息,而前台的工作人员也能访问这些数据)。对于成功的客户关系管理来说,仅仅将数据输入到数据处理系统中还远远不够,更重要的是运用这些信息。

示例

接下来,我们看看以下精心维护客户关系管理的案例:李雷先生与夫人在一年前的同一时间(国庆节前一周)曾是您酒店的客人,并且在那次逗留期间,他们在附近进行了多次短途旅行。他们在餐厅里如愿地坐在了一个靠窗位置,此外,他们还爱喝贵州的茅台酒。李雷夫人额外订了一个枕头。您可以在客人到店前——最好是在准备报价前将获得的信息用于问候语当中。

> 您好,李夫人,李先生。热烈欢迎!感谢你们再次选择了在国庆节假期前这个美好的时光来到我们酒店。我为您们准备了一些出游小贴士。李夫人,我们特地为您的房间额外添加了一个枕头。如果您们还有其他的要求,可以随时与我联系。

晚上在餐厅,服务员将会对这两位作如下问候:

> 李先生,李夫人,晚上好。非常荣幸,能在和去年相同的餐桌前为您服务,这里视野开阔,您可以重温美景。我可以再给您奉上一瓶来自贵州……酿酒厂的茅台酒吗?

客人感到自己受到重视和欢迎。

中国饭店协会（DE/EN：CHA（China Hospitality Association）

中国饭店协会（China Hospitality Association，CHA）是由从事住宿业和餐饮业经营的企业事业单位、社会组织、院校、有关产业链供应链机构和经营管理人员自愿结成的全国性、行业性社会团体，是非营利性社会组织。

中国饭店协会的登记管理机关是中华人民共和国民政部，党建领导机关是中华人民共和国国务院国资委党委，成立于1994年1月14日。协会构建的五大服务体系是：

政府事务服务

协会积极参与制定行业国家标准、行业标准与行业自律规则。受政府委托组织实施《中国饭店业职业经理人执业资格条件》《绿色饭店》国家标准、《绿色餐饮经营与管理》国家标准和《中国烹饪名师大师评定条件》《火锅企业经营服务规范》《餐饮业现场管理规范》《文化主题饭店经营服务规范》《餐饮业服务质量评估规范》等数十个行业标准；协会积极开展"绿色饭店"创建活动，协会每年权威发布《中国酒店连锁发展与投资报告》《中国餐饮业调查报告》《中国饭店业网络口碑分析报告》《中国绿色饭店发展报告》等，受到上市企业欢迎和政府部门的关注。

品牌服务

帮助优秀会员企业境内外上市、申请中国驰名商标、中华老字号等工作，已成为协会日常的工作。目前通过协会的推荐，已有近30家企业获得了中国驰名商标，近百家企业获得中华老字号，一些企业在境内外成功上市。

协会主办的中国美食节、中国饭店文化节、国际饭店业大会，已成为我国饭店业规模大、档次高、影响力广、群众参与性强的行业盛会。中国绿色饭店工作委员会、中国饭店协会连锁酒店投资专业委员会、老字号与非遗专业委员会、团餐专业委员会、火锅专业委员会、名厨专业委员会是行业较具影响力的交流平台。

培训服务

拥有强大的学术资源及专家队伍，与国内外一些著名饭店管理院校、知名国际饭店管理集团建立了长期的合作关系。饭店职业经理人、客房、餐饮、财务、工程、星厨、人力资源、市场营销等培训是全国饭店业质量最高的培训活动。协会积极开展专业的技术评估、组织开展全国饭店职业经理人等级评价，为饭店业转变发展方式，奠定人力资源基础。协会与国家人力资源和社会保障部、全国总工会共同举办全国饭店业职业技能竞赛，获奖选手及企业有资格申请"全国五一劳动奖章""全国技术能手"等荣誉称号。协会"酒店运营管理""餐饮管理运行"两个项目列入教育部"1+X"项目，为行业培养高质量人才。

信息服务

拥有广泛的行业信息资源，按月出版《中国饭店业》会员刊物、及时更新协会官方网站（www.chinahotel.org.cn）和官方微信，方便会员单位及时掌握国内外饭店与餐饮业的最新动态。宣传企业经典案例、反映行业诉求、了解国内外热点问题，推动饭店与餐饮企业信息技术应用和特色文化建设。

国际交流服务

协会作为国际饭店与餐馆协会亚太区主席单位，积极组织开展行业国际交流活动，建立与国外同行的联系，组织会员和企业赴欧美进行专业学习考察、参观访问。组织饭店和餐饮企业参加国际会展活动，帮助企业扩大国内、国际的交流合作，引进先进的管理经验和技术，开拓国内、国际市场。

社会服务

协会积极贯彻习近平总书记关于坚决制止餐饮浪费的重要指示精神，制定绿色餐饮国家标准，开展"节约、环保、放心、健康"行动、光盘行动。协会助力乡村振兴，制定《地标美食质量技术规范》团体标准，按区域发布地标美食，推荐地标名菜、名店、名材、名厨；制定《精品民宿服务规范》，免费培训民宿管家，为全面建成小康社会作贡献。

酒店接待

D

从数据库营销

到

虚拟房间

数据库营销（DE/EN：Database Marketing）

在数据库营销中，数据库中存储的那些关于客人的信息是运用营销手段的基石。将客人适当地归纳成不同的目标群体和兴趣群体，能在最大程度上使营销活动精确地针对客户的需求。如果要将酒店管理系统（property management system）应用于支持数据库营销（以数据为基础的营销活动），那要注意设计合适的掩码，并确保它能够被设计。此外，必须能够根据公司相关的标准从收集的数据中选择客人。

数据保护基本条例（DE：Datenschutz-Grundverordnung；EN：Basic regulations of data protection - privacy）

数据保护基本条例（DSGVO）规定了要以负责任的态度处理客户数据，它规定了酒店经营者应该怎样处理客户的数据以及哪些数据允许被处理，同样规定了酒店应该怎样存储这些数据。酒店经营者必须详细说明他们是怎样加工、存储以及在必要时如何转发数据的。这也涉及在广告发布、新闻通讯或者营销邮件中个人信息的使用。

当客户数据需要用于广告营销时，必须先征得客人的明确同意。具体来说，就是只有当客户对此表示允许时，才能发送带有客户数据的新闻通讯。一般情况下，如果酒店经营者在向顾客销售服务时，得到了客户的邮件地址，只要客户没有拒收，就可以向客户发送酒店的新闻通讯邮件。这就要求酒店员工在收集电子邮件地址后，每次向客户发送电子邮件时，都必须告知客人其是可以拒收这类邮件的。为此，酒店应该在客户信息登记表上添加一行备注：如果客户签名的话，就表示客户同意他的信息可用于接收酒店营销广告。注意，客户名单页和客户同意使用个人信息部分必须分开签名。

客人有时也会以特殊需求的形式告知酒店一些私人信息（过敏、饮食习惯等等）。为了保险起见，对于已经得知的客人的这些特殊要求，酒店必须获得相关客人的明确同意，以便进一步处理这些数据。

酒店经营者为了确保用于加工数据的所有措施都是合法合规的，必须对加工的数据有准确的记录。此外，酒店还必须制定针对数据滥用情况的紧急预案，并且有义务在72小时内向政府主管部门报告此类情况。

更多信息请访问：

我国颁布的与数据保护相关的法律，包括《中华人民共和国网络安全法》《中华人民共和国数据安全法》和《中华人民共和国个人信息保护法》。

借记卡（DE：Debitkarte；EN：Debit Card）

借记卡结合了提款卡和信用卡的功能。借记卡可以像提款卡一样从自动提款机中取钱，也可以无接触付款。此外借记卡也能像信用卡一样用于网上购物。

借记卡的支付结算都是通过终端代理完成的，即每天在约定好的时间，把通过POS机终端结算的金额转账给酒店。这类转账通常受到会计部门的监控。

和信用卡一样，在使用借记卡进行支付时，还要给银行机构缴纳一笔手续费。一般来说，这些手续费要低于使用信用卡支付的手续费。

使用现金提款卡（比如：ATM提款卡，上面只有一个卷云标志）只能从自动提款机中取钱，不能用于POS机终端支付。

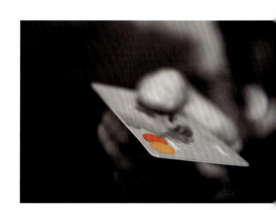

应收账款（DE：Debitor；EN：Account Receivable）

通常，酒店将那些客人离店后的付款称作应收账款，在会计术语里称为未结账单。退房时，在酒店管理系统中选择应收账款作为支付方式，在账单里以未结余额记账。会计部门在核对未结清应收账款和已收款后，将进账计入会计账本，并在客人未付款的情况下，发出催款提醒。

在这种支付方式下，预订方与酒店之间需要一份书面协议作为法律保障。

如果酒店发出催款信后，客人仍没有支付应付账款，那么酒店可以向信用担保机构或其国际网络合作伙伴寻求帮助。

酒店可以在书面协议（含酒店业一般条款）中向客人声明：在不付款的情况下将诉诸信用保护机构。

保管服务（DE：Depot；EN：Safe custody for valuables）

客人有权将贵重物品和钱财交给前台，并要求其放入酒店保险箱/保险柜保管。客人所交托物品的责任金额取决于我国的相关法律规定。酒店经营者可以拒绝保管那些比酒店客人平时寄存物品明显贵重很多的物品。在中国，酒店一般要书面注明哪些物品不予以保管等条约。

酒店员工必须告知客人：客房里是否有保险箱，贵重物品是否能放在酒店前台的保险箱或寄存柜里。为避免产生不必要的赔偿或损失，酒店必须将上述信息告知所有客人。同时，酒店应将有关保险赔付限额的信息贴在客房的保险箱上，或者注明在寄存柜单据/寄存凭证上，以便客人在单据或凭证上签名认可，也可以事后证明客人已经了解了保险限额的相关信息。

客人可以通过以下方式获知寄存选择：
- 挂在房间里的公告；
- 客房里夹着住客须知的文件夹；
- 从前台工作人员那里获悉；
- 房卡上的备注；
- 贵重物品保管室的公示。

目的地（DE/EN：Destination）

目的地是指客人选择度假目标地点的专业表述，可以是具体的地点、国家，也可以是航班抵达地。

排班计划表（DE：Diensplan；EN：Duty roster）

酒店员工排班计划表主要用于员工的工作调度，所有员工的上班时间都应清晰地列在排班计划表中。在制定排班计划表时，需要考虑以下情况：
- 保证固定的前台工作流程；
- 房间分配以及办理入住、退房手续情况；

酒店有无举办活动

- 遵守法律法规（休息时间、连续两天休息）；
- 注意每小时工作量，避免不必要的加班；
- 前台人员全时段配置的完整概述；
- 尊重员工的意愿。

需要额外的工作人员吗？

直接预订（DE：Direktbuchung；EN：Direct booking）

直接预订是指客人通过电话、酒店网站或者亲自到酒店前台，直接进行的预订。大多数酒店致力于提高直接预订的比例，因为这样可以免除要付给预订平台、旅行社等中间商的佣金。

为了鼓励客人直接预订，必须要尽量保证预订过程的畅通无阻。因此，可以把在线预订工具（网上预订引擎）放在网页最显眼的位置，且在手机端也可以操作方便。或者，酒店也可以提供用于预订的电子邮件地址或电话号码。客人直接预订时，能够享受折扣价、附加服务、延迟退房或者免费的欢迎饮品。

专家对此表示

酒店可以列出使用预订工具进行直接预订将得到的优惠，比如：
- 享受最优惠的价格；
- 在线预订可获得免费欢迎饮品；
- 有5%的直接预订折扣。

直接营销（DE：Direktmarketing；EN：Direct marketing）

直接营销涵盖了所有旨在与（潜在）客户建立并维持私人联系，以及获得客户回复（或回信）的广告手段。直接营销是最直接的广告形式。可以通过电子邮件或者信件的形式建立私人联系。直接营销典型的表现方式有：

- 邮件（广告信件、新闻通讯）；
- 酒店宣传册；
- 电话（电话营销）；
- 利用能够互动的带有回复功能的电子媒介，通过它每天直接预订。

直接营销中所发送的邮件没有标准的邮件模板，其内容应包含个人地址和营销内容，是为那些归属于某个特定目标群体的酒店客人量身定做的。邮件的内容必须直接涉及客人的利益或愿望，并且满足他们（未提出且无意识的）的要求。邮件可以将收件人的注意力吸引到他/她当时可能尚未意识到的需求上，并同时给收件人提供合适的解决方案。

> **这样做**

对客户档案进行精心维护是酒店直接营销成功的基石。如果酒店按照每个客户的兴趣，分别为其分配合适的选择代码，则会为每位客人生成一份全面的用户资料。酒店借助这些资料，可以有针对性地挑选目标群体的邮件地址。这些挑选标准是以邮件代码的形式存储在系统中的，而且通常是使用三个字母组成的代码，比如："WEL"是休闲度假者，"SNO"是冬季度假者或滑雪者，"GOU"是美食家，"GOG"是高尔夫＋美食家，"WIE"是葡萄酒旅行者，"GUW"是美食家＋葡萄酒旅行者。

手续费（DE：Disagio；EN：Bank service charge on credit and debit cards）

在使用信用卡和借记卡付款时，酒店必须向服务商缴纳一笔服务费，我们将这笔费用称作手续费。

折扣价（DE/EN：Discounted Rate）

酒店打过折的价格。

门童（DE/EN：Doorman）

酒店大门口为客人提供问候、代客泊车、引领等服务的员工。

双人房（DE：Doppelzimmer；EN：Double-bed room）

双人房是给两个客人居住的房间，通常里面会配一张标准的双人床，或两张并排放置的单人床。

> 床铺的最小尺寸取决于酒店类别。

双向确认（DE/EN：Double-Opt-in）

如果以电子方式订阅酒店的新闻通讯稿，那么通常会使用双向确认的流程。若要成为订阅者，则必须在第二步对订阅者名单里的条目进行确认。

> 网站通常会向输入的联系地址发送一封电子邮件，并要求确认。

如果是用户选择加入订阅者名单，那么订阅者将会收到一份关于他/她联系方式的确认信息。与此相反，如果由于用户的错误操作导致了信息注册，那么那些不想订阅的人也可以不理会确认请求，这样就能确保该用户不会被加入订阅者名单中。双向确认的注册只有在它被确认之后才会生效。通过这种方式生成的客户邮件地址才可以投入使用。

> 这听起来复杂吗？新闻通信软件的双向确认的步骤一般在后台自动运行，也可以自动取消订阅，无需手动输入。

三床房（DE：Dreibettzimmer；EN：Three-bedded room）

三床房指可容纳三个客人的同一间房。第三张床通常是一张可折叠的、展开后与标准床同样尺寸的沙发床。

> 英语：Triple Room（三人房）
>
> 床铺的最小尺寸取决于酒店的类别。

虚拟房间（DE：Dummy-Zimmer；EN：Posting Master）

详见 Paymaster。

酒店接待

E

从早鸟价

到

旅行代理商

早鸟价（DE/EN：Earlybird Rate）

早鸟价是指给提前预订的客人特别优惠的价格。但通常，取消和更改预订的条件也会更加苛刻一些。

单人间（DE：Einzelzimmer；EN：Single room）

单人间是指配有单张床仅供一个人使用的房间。床铺的最小尺寸取决于酒店的类型。

电子邮件（DE/EN：E-Mail）

在撰写与客户建立联系的电子邮件（比如报价、后续服务，或是表达祝福、目标客户群邮件）时，必须遵循电子邮件的书写规范和电子通信社交礼仪。电子邮件不具有约束力或强迫执行的权利，而只是礼貌和良好礼仪的表现。每个人的素养决定了各自的沟通行为水准。

基于数据保护基本条例，在未经允许的情况下，不许向陌生人发送电子邮件，也就是说，在不经接收者同意的情况下，只能发送直接邮寄邮件，而不能发送批量电子邮件。

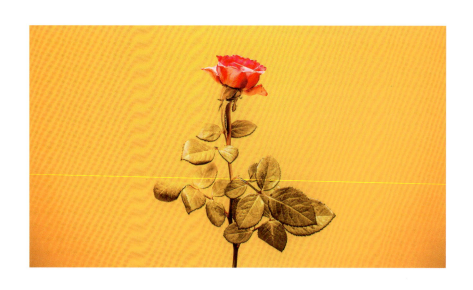

这样做

数据量（Amount of Data）

请注意节省存储空间（照片、图表）和传输时间，这样可以避免与沟通对象之间产生不必要的费用和由此产生的埋怨。如果您在邮件里插入图片，那请以网页格式保存它们，这样电子邮件的大小就能在1MB以下。当您将文本（比如说报价函）以PDF格式作为附件添加到邮件中时，您也可以加入图片和图表，这样不会因数据太大拖慢邮件传输的速度。

安全——保密

有时，电子邮件文件夹中的内容可能会被收件人以外的人看到，所以邮件不应涉及任何不适合第三方看到的内容。

可读性

在发送邮件之前，请再读一遍。拼写错误会使邮件显得不够专业。即便在写电子邮件的时候，也要注意正确的句式、结构、大小写以及引用。表述应该简洁明了，避免出现多余或冗长的信息。邮件文本应该是连续的文本，因为收件人可能会根据窗口和屏幕大小出现自动换行而导致信息呈现不完整的情况。

署名、名片

电子邮件的署名不能长于邮件正文。为了快速与客户建立联系，署名部分应当包含邮件地址、电话号码等完整、详细的信息。

小贴士

通过电子邮件发送的 新闻稿 上必须附上酒店名等公共信息。

行政助理经理(DE/EN: Executive Assistant Manager)

行政助理经理有时也被称为酒店驻店经理,协助总经理处理酒店相关业务和工作。此外,这个岗位往往负责酒店的某一块工作领域(比如餐饮部、收益管理部门)。

行政管家(DE/EN: Executive Housekeeper)

行政管家也称管家,通常是指客房部的部门主管。他们的领导可能是房务部经理,或者是副总经理。管家负责检查客房、前台、后勤办公室,以及所有公共区域的打扫和清洁是否符合标准,还负责协调客房部的物资采购、排班计划表的制定,以及与酒店其他部门和外部公司的合作(比如鲜花供应商等)。

旅行代理商(DE: Expedient; EN: Travel Agent)

旅行代理商相当于连接酒店与客户的枢纽。他们通常给客户提供建议,推荐合适的酒店报价。他们的部分工作职责是到处旅行进行考察、试住酒店、获得特价。除了旅行社和航空公司员工外,一些记者们也能拿到所谓的优惠价,通常比门店价低20%~50%。该政策的具体优惠幅度,通常由酒店自身的内部规定而定。

酒店接待

F

散客价

到

失物招领登记簿

散客价（DE/EN：FIT Rate）

FIT 指散客，Free Individual Tourist。散客价是指那些通过旅行商预订的散客的价格。此价格是通过如旅行社获得的价格。按不同旅游季节，分别比官方房价（或最优惠价格）低 10%-30%。

固定成本（DE：Fixkosten；EN：Fix Cost）

固定成本是指在租金、保险、利息支付和长期雇佣员工工资上的成本，这些成本不受酒店的客房预订、入住率、用工情况的影响。固定成本的高低会影响定价。

服务员传递的自助餐（DE/EN：Flying Buffet）

这种自助餐主要是用勺子盛着放在餐盘上、一口就能吃光的精致菜品，比如鸡尾酒派对上的自助餐。

后续工作（DE/EN：Follow-up）

在酒店行业，人们把各种形式的事后询问称作后续工作。这个概念一方面用于酒店询问客人对酒店之前提供的报价是否感兴趣；另一方面，也指在客人离店后或者酒店举办的活动结束后的后续服务。上面两种情况都需要后期处理和持续跟进，这就是使用相同术语的原因。

报价后的跟进工作

如果客人对一份报价没有回应，那么酒店就需要决定，是否应着手准备后续工作了。后续跟进工作可以是一个简单的询问，如：是否已经收到报价？计划选择的日期是否保留？是否还有其他疑问？这些主动的报价跟进可以让客人回忆起产品报价，并且通常会促成确认性的预订。后续工作可通过电话或书面方式进行。目的是让客人确认预订。

> **专家对此表示**
>
> - 当客人取消订单时，问清缘由是至关重要的。除了个人因素，客人取消订单最常见的原因主要包括：过高的价格、与预期不符的酒店服务等。酒店应当将这些理由记录到客史档案中，作为制订未来市场营销策略的参考。
>
>   例如：
>
>   您在某一特定旅游旺季经常收到客人的反馈，称酒店住宿价格过高，此时可以回顾那个旺季的酒店入住率是否非常不理想。那么来年就可以采取措施——在这一旅游旺季，根据酒店的入住率对房间价格作出相应调整。

住宿后的跟进工作

在客人离店后开展的后续跟进工作，主要是酒店对客人的回访。这样做的主要目的是让客人在几周后重新回忆起这家酒店；通过对客人的入住再次表示感谢，也会使客人对酒店留下积极美好的印象，以便吸引客人的再次预订；此外，也能让客人感受到他在离店后仍然是这家酒店的贵宾。后续工作在 客户关系管理架构 下展开。

请将 退房 后的酒店客人仍然视为贵宾！

餐饮部门（DE：Food-and-Beverage-abteilung；EN：Food & Beverage Dept.）

餐饮部门（缩写为 F&B）通常是指一家酒店的餐食、饮品的供应与服务部门。

前台部门 和餐饮部在不同工作领域协同合作：

客人的餐食供应：餐饮部需要分别了解含早餐的客人数量，含早、晚餐的客人数量以及含早、中、晚餐的客人数量。如果客人向前台表达了他们想更改菜单的愿望，那么前台就要向其相关部门转达这些要求。

举办活动：来自举办方的变更要求，比如，相关菜品的顺序、参加人员数量的变动等，都必须及时转发给相应部门（如与宴会部协商）。因此，一场活动的成功举办离不开畅通无阻的信息沟通。

在一些小型的酒店里，通常，每日 菜单 都是由前台部门制定的。前台部门从餐饮部接收到相关信息后着手制定，并如期交付菜单。

一般情况下，餐饮部归属餐饮部经理来领导。

餐饮部经理（DE/EN：Food & Beverage Manager）

餐饮部经理负责所有关于菜品、饮品的组织、协调和管理工作。在与厨师长、餐厅负责人以及酒吧主管研究协商后，餐饮部经理负责协调、计算物资采购及储备等工作。

订单预测（DE/EN：Forecast）

订单预测是对下个月或者来年订单的一种假设预测，主要是参考往年或已完成订单的数据和经验。

在预测订单量时，经理经常查看活动日程表是至关重要的，同时，也应考虑到酒店、当地或者周围地区举办的活动带来的影响。预测订单时要尽可能地精确，做到实时更新。若有重大变动，应在第一时间内通知到酒店相关部门。

订单预测有助于：

制定价格

预测订单有助于规划即将到来的营业月/年的淡旺情况，比如，酒店可预测哪些月份入住率高，哪些月份入住率低，以便能够正确评估入住率及价格计划。使用收益管理制定价格时，订单预测是举足轻重的。具有前瞻性的酒店入住率数据将有助于确定价格和旅游旺季的起止日期。

排班计划表

预测订单有助于酒店预估员工的需求量。因此，在制定排班计划表时，会将订单预测作为重要工具。通常来讲，酒店的预订部门或者前台部门创建预测量，并将其分发给其他所有部门。

其他事项

酒店销售和市场营销部，在与旅行社及客户公司的合作对接中，预测订单也是大有裨益的。它展示了一家酒店的入住率有哪些可提升的余地。这也需要借助广告手段。因此可以有计划、有针对性地宣传公司的激励政策。这样就能够将提高酒店入住率纳入计划中，并使之更容易实现。

示例

　　* 如果订单预测清晰显示出，去年五月是订单需求的井喷期，入住率高达90%，那么今年的入住率目标可以定在92%。而在其他淡季，酒店房间就可以用于<u>旅游团</u>、促销奖励和包价的订单。

　　* 比如，酒店发现周二到周四的预订量有所下降，那么可以将这一时间段组合成一个优惠套餐进行销售。当然，这要与市场营销部共同策划并有针对性地推广。

　　同样地，酒店在进行厨房用品和酒水的采购计划，以及做大规模的维修、改造和清洁计划时，也要参考一下订单预测，从而挑出最合适的时间点。

前台（DE/EN：Front desk）

　　前台，对酒店客人来说是酒店最重要的第一站。

前台设计

　　前台应当一览无余，并且让客人感到宾至如归。前台不应藏在暗处或者有棱角的地方，而是大气宽敞、明亮整洁，令人倍感亲切之处。

　　当客人风尘仆仆抵达酒店时，可以很放松地倚靠在前台上。与之相配的是，前台柜台的材质也要让人感觉舒适，表面不能太粗糙。

　　而用于<u>宾客服务</u>的文件资料，通常应放置在前台下面的抽屉里。

排班计划表

　　从实用的角度考虑，前台一般位于客人与员工之间,起到屏障的作用。前台后面为员工的工作区，对客人来说不可入。前台员工在与客人直接交流和处理事项时,应当保持站立姿态。

　　当然，也有一些酒店摒弃了传统的前台柜台,放置普通的桌子和椅子,这样的话，<u>入住手续</u>之类的工作坐着就能办理完成。

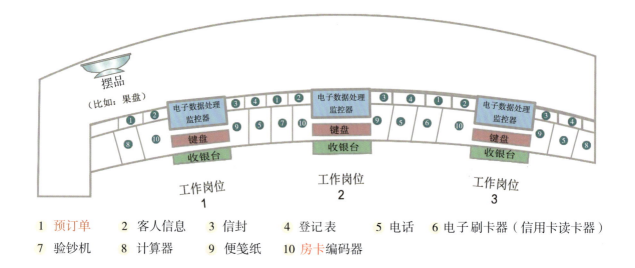

1 预订单　　2 客人信息　　3 信封　　4 登记表　　5 电话　　6 电子刷卡器（信用卡读卡器）
7 验钞机　　8 计算器　　9 便笺纸　　10 房卡编码器

前厅部门（DE/EN：Front office）

前厅是一家酒店的接待区域。是每位客人都可以到达之处，主要是员工与客人直接沟通的地方。

前厅部门包括：

- 接待处（前台柜台）；
- 礼宾台（礼宾部柜台）；
- 收银台（收银柜台）；
- 客户关系工作台；
- 临时员工办公室（行李寄存服务）。

前厅是接待客人、办理入住和退房手续、外币兑换、直接服务宾客的地方。

在酒店的组织机构中，前厅部是一个必须表现完美的独立部门，因此，清晰的组织架构和良好的组织运行是至关重要的。

前厅部员工包括以下几类：

- 前厅经理（接待处主管）；
- 前台接待员；
- 总机话务员；

- （首席）礼宾司（礼宾员）；
- 临时工主管（领班）；
- 临时工（行李员）；
- 行李员（Bellboy/ Groom 泊车员）；
- 门童（Doorman）；
- 司机（轿车专职司机）；
- 夜审员；
- 宾客关系经理。

在大型酒店里，前厅部门的职责范围分为前厅区域工作（直接在前厅完成的工作），以及后台区域工作（不是在与客人的直接接触中完成的工作）。接听总机电话也属于前厅区域的工作范围。

> 在大型酒店里，前厅和大堂通常分开。

前厅经理（DE/EN：Front Office Manager）

前厅经理简称 FOM，有的酒店也称为接待主管/前厅主管。

前厅经理主要负责接待、预订、收银、大堂区域、电话总机的管理工作。预订部门也负责部分电话总机事项。

前厅经理是前厅部的领导职位。他/她代表前厅部，也负责酒店的预订工作。这些工作任务在酒店服务中起着决定性的作用，包含了整个住宿区域的工作流程与任务的计划、安排、执行和控制。只有接待区域的工作流程顺畅无阻，才能为最佳的宾客服务提供有力保障。

> 法语：
> Chef de Réception
> 前台经理

接待处主管主要工作职责为：

- 确保接待、预订、收银台、大堂和总机等区域的工作顺利展开，并尽力做好与其他所有部门的协调与合作工作；
- 召开部门的每周例会；
- 员工招聘、管理、评估和培训，根据相关符合法律规定调整员工的休假计划，譬如制定排班计划表，创建招聘新员工的需求档

案,并在考虑预测到店客人的前提下,制定好每周的排班计划表;

- 达到并遵守酒店制定的内部标准;
- 制定房价;
- 监督管理;
- 客房预订管理;
- 制定随后几个月的订单预测;
- 确保达到最佳入住率,客房收益的最大化;
- 负责日账、月账和年度房账;
- 餐厅收银的结算;
- 现金账簿、备用金和到银行存款;
- 汇率的检查和定期调整;
- 检查月度、年度工作报告;
- 遵守法律规定的上报手续;
- VIP 客户的接待与送别(掌握所有在店的 VIP 客户名单);
- 投诉处理;
- 完整的客史档案以及关于特殊要求的备注。

专家对此表示

● 员工管理对一个部门的运行起着至关重要的作用。前厅经理必须明确每一个前厅员工的工作职责。在岗位描述中,应清晰定义员工的权责范围。只有高质量的员工培训才能打造出高质量的团队。为满足员工的成长需求和酒店的服务要求,酒店应该为员工定制培训,以便凝聚团队精神,提高服务质量。

为促进酒店运转顺畅,前厅部与客房部、餐饮部、市场营销部以及宴会部等的紧密合作是必不可少的。

酒店前厅（DE/EN：Front of the House）

穿过酒店入口之后，客人来到了酒店的前厅区域。前厅区域是指在客人留宿期间，可以自由活动的公共区域。所有客人和酒店员工都能够使用这个区域。

酒店前厅包括以下空间：

- 酒店大堂 / 大厅。
- 接待区域（前台 / 接待处）。
- 客人休息区和餐饮区。
- 客用更衣室（一般在咖啡厅或者酒吧附近。酒店举办活动时，在活动场地附近设置一个统一更衣室至关重要）。
- 客用洗手间。客人洗手间必须配备残障人士的设施，并且有明确的路标指示。按照酒店"HACCP（危害分析与关键控制点）"方案进行定期清洁。清洁标准的控制和检查是酒店工作的重中之重。
- 精品店、报刊亭、美发店、便利店等。客人可以不出酒店就能方便购置所需的日常用品，还能购买礼品和纪念品。在某些酒店里甚至还有大型的购物商场。
- 会议室和活动举办场所。
- 健身设施。
- 楼梯间、过道和电梯。楼梯间和过道必须保持畅通，因为它们也作逃生通道使用。楼梯应至少有 120 厘米宽。客用电梯应方便客人乘用，并可从酒店大厅轻松到达。

应让客人在酒店里感觉舒适，因此酒店的洁净和令人愉悦的氛围至关重要。

在四星级、五星级酒店里，必须让客人有机会获得各种多样的服务。

• 电梯轿厢应大气宽敞，且必须符合安全使用标准。火灾时禁止使用电梯。条件许可的话，酒店员工不应使用客用电梯。电梯里可贴上乘客须知。在大型酒店里一般都有专门的行李或货运电梯以及员工专用梯。

• 其他公共空间，如图书馆、写作角或游戏室。这些公共空间让客人能消磨时光，使他们有愉快的住宿经历。有了公共空间，客人的活动范围再也不被客房所局限。

含早餐的住宿（DE：Frühstückspension；EN：Bed & Breakfast）

含早餐的住宿是指酒店提供的住宿包含早餐。这样的酒店通常是那些规模较小的（约20张床位）、私人经营的酒店。

酒店活动功能表（DE/EN：Function sheet）

酒店活动功能表是指：为了保证酒店的活动和会议能够顺利举办，通过各部门协同合作、明确分配了各部门需完成的工作任务并分发到各部门的工作活动表。

示例

厨房必须对菜品的数量和菜式一清二楚，前台必须对过夜客人的数量和所需房间一清二楚，餐厅服务部门必须清晰地了解客人要求，例如，餐桌的布置等，酒店工程部门必须对所需提供的技术装备了如指掌等等。

为了让各部门都清晰地了解自己下一步应该做什么，活动和工作的相关细节将被标注在一张活动表上。

活动功能表示例

活动表			××酒店
客户联系方式			
姓名			
街道			
地点			
电话		传真	
电子邮件			
活动			
日期	自	至	
事由		参加人数	
房间		房租：	人民币
座位			
房间设施			
装饰			
流程			
技术设备：			
挂纸白板+3支笔	监控器	笔记本	激光打印机	互动板
投影仪	投影幕布	激光笔	DVD放映机	讲台
CD播放器	麦克风	摄影机	公示软木板	其他
餐饮需求			
会议饮品			
茶歇		时间：	
开胃酒		时间：	
第一日菜单		时间：	
菜单价格	人民币	集体账单： 是 否	
饮品			
前厅部门	双人间	双床房	三床房	单人间	公寓房型
数量：					
价格/每人：					
客房部门			
行李服务	是	人均单价（人民币）：	总价（人民币）：
其他事项			
到达	于：	来自（地点）：	
支付方式		账单寄给	
分发到：	管理办公室 客房部	餐饮部 预订部	前厅部 工程部

注：以 备忘录 的形式告知各部门信息细节。

失物招领登记簿（DE：Fundbuch；EN：Lost and Found log）

客人在酒店里遗忘或遗留物品的事情时有发生。这些遗忘或遗留物品会登记或标注在失物招领登记簿上，或者带复写功能的失物登记表上，抑或是酒店管理系统中。

失物招领登记簿交由前厅部门或客房部门保管——具体由这两个部门协调。

为了让所有相关员工都能查阅失物招领登记簿，把遗留物品录入酒店管理系统是一种切实可行的方法。这样一来，前厅员工可以快速查询到遗留物品信息，并且快速高效地回复客人的询问。酒店员工与客人的一些信函往来也要保存到失物招领文件夹和酒店管理系统中。

> ☀ **小贴士**
> 在中国，若发现有客人的遗留物品，酒店应主动与失主联系。出于保密的考虑，只能直接与失主取得联系。信息应向第三方保密。若拾到物品的价值比较高，则必须交至酒店专门负责的部门。酒店经营者对遗留物品和拾到物品都必须妥善保管。一般而言，对于不同的遗留物品的保留时间不一。

酒店接待

G

客户意见调查

到

宾客关系经理

客户意见调查（DE：Gästebefragung；EN：Questionnaire Survey）

客人的满意是每位酒店经营者的最高追求，因为只有满意的客人才会再次光临或者将酒店推荐给别人。要了解一家酒店的产品和服务是否让客人满意，以及是否符合他们的预期，其中一个方法就是进行客户意见调查。

可以通过以下形式进行客户意见调查：

口头上

书面上

酒店调查客户意见

第三方调查客户意见

> 还可以采用匿名的方式进行测试人员的调查，也称为神秘顾客分析。

众所周知，客户意见调查不是由酒店的某一位客人完成的。每个与客户接触的员工，都应该以不同的方式询问客人：一切是否满足他/她的意愿？只有当酒店对所有的建议、期望或者投诉都做出相应回应时，客户的意见调查才是真正有意义的。

意见调查表

酒店员工对客人进行意见调查时，可以使用意见调查表，这是调查工作的基础。

填写意见调查表时可以采取两种方式：一种是客人独自填写放在客房里的意见调查表，另一种是酒店员工和客人一起逐一填写。两种方式各有利弊。

对客人进行口头询问时，酒店员工能够对客人的投诉和愿望直接做出回应。而当客人自己填写调查表，并匿名提交或在离店时才上交调查表时，酒店方面就很难改正他们提出的批评建议了。但有的客人就是喜欢匿名说出他们的想法，因为不是每个客人都会直接指出那些让他感到不满意的地方。为了避免摩擦，有些客人总是表现得友好却又疏远。还有些客户群体，酒店员工几乎没有任何机会对他们进行私人问询，比如商务旅客。

> 客户意见调查将会就以下几方面对客人进行询问：
> * 酒店环境、氛围；
> * 提供产品的可选性；
> * 酒店员工的服务；
> * 酒店设施；
> * 酒店的性价比；
> * 酒店的服务质量；
> * 酒店清净程度；
> * 酒店办事效率；
> * 酒店安全保障。

> 酒店所要求的理论值就是酒店所有服务的最优标准。最优标准由酒店预先自主制定。

调查结果将与酒店的期望值/理论值进行比较。只有这样，才能在意见调查中得出一个对酒店的理论值有参考意义的结论，也才能以结果为导向调整的酒店随后的行为。

> 请您拨冗看一眼您下榻酒店的意见调查表：您是否察觉到酒店的不足之处？评分体系是否适用于所有问题？是否高分值总是意味着好，低分值意味着差？这样的调查表形式合适吗（比如：是非问句就可以不用 1～6 分的评分体系吗）？

如何处理客人对酒店员工的批评？

- 一般来讲，客人在指名道姓地评价酒店员工时通常十分谨慎。其实，客人对员工行为的批评一般较为客观，当然，客人与酒店员工之间的相互好感，或者客人评价时的心情等因素对评价结果也会有影响。但是，如果在多份调查表中反复指出了同一个问题，那么就需采取措施，针对该问题加以改正了。
- 客人的积极反馈是激励酒店员工的绝佳动力。请将这些积极反馈告知所有员工！如果不同客人对某一特定员工表达了不满，那么要私下与该员工交谈——千万不要当众批评！

在设计意见调查表内容时需要注意：

- 客人填写意见调查表所需时间不宜太长。调查表内容不应超过一张 A4 或两张 A5 纸大小。
- 内容形式应当简洁明了。
- 不要忘记留空白行，以便客人填写个人意见及愿望。
- 询问对象应能代表所有 目标群体 的各种类型的客户。
- 问题应按酒店部门/服务领域进行分类，而不是根据各自标准东问一句、西问一句。
- 客人有权匿名提交调查表。非匿名状态的调查表结果可以在尊重数据保护条例的前提下录入客史 档案，酒店方可以在客人下次入住时对他的特殊需求尽量予以满足。也可以在对客户进行后续服务跟踪时表达酒店对他填写调查表的感谢。最好让客人自己决定是否想匿名提交。
- 意见调查表的问题必须是真正可评估的问题。
- 选择偶数个（4 个或 6 个）评估等级。客人必须清楚地写上一个数。因为比如说有 5 个评估等级的话，就会出现客人在遇到棘手问题时选择平均值（3）的情况。

> 虽然客房的卫生状况非常好，但自助餐厅的卫生仍需改进。类似部门错乱的问题让客人如何回答？

- 也可以在客人离店后通过电子邮件将意见调查表发送给客人，作为后续服务跟进的一部分。
- 填写意见调查表的激励措施，可以是一个抽奖游戏（如一个在下次入住时的 VIP 礼包）。客人可以选择先匿名评价，如果参与抽奖游戏，可在抽奖中提供他或她的数据。

客人为了回答您的问题而花费了时间，同时也给予了您宝贵的意见和启发，为此他应当得到您的小礼物作为奖励。

示例

可以运用下列这些语句，来征询客户建设性的意见和建议。

请您将自己视作我们推心置腹的伙伴。那您有什么要对我们说的呢？

您可以鼓励客人，为酒店服务质量的改善提供建设性意见和建议。

您愿意多次下榻我们酒店的主要原因是什么？

通过这样所获得的信息可以用于随后优惠活动的制定。

您会将我们酒店推荐给他人吗？

这个问题适用于意见调查的最后一问。如果客人的答案是肯定的，则结论以及给客人的最后印象仍然是积极的。

这样做

- 最好在客人住宿天数过半时把调查表给客人。客人在退房时几乎不会有闲暇时间,所以员工也难以做出回应。
- 不要将问卷夹在酒店大堂的宣传册里,最好将它亲手交到客人手中或者放在客房的显眼处。客人能在房间里平心静气地花时间填写问卷。
- 注意在意见调查表旁附上一支笔。将调查表采用纸质和电子技术结合的方式也非常实用,比如在酒店客房放置纸质版调查表的同时,让客户通过扫描二维码就可以填写电子版意见调查表。
- 为调查表附上一个信封。这样客人能够确信,酒店将对他的信息保密。最好在出口处附近设置一个信箱用于提交调查表,因为一些客人在提交问卷时会避开酒店员工关注的目光。

书面调查表的问题通常是以定量的方式进行评估,也就是说,酒店将对大量具有可比性的意见调查表的调查结果进行比较和衡量,例如,客人对某些方面总是给出负面评价,那么这一方面就亟须采取措施来改善了。

在评估时也要注意客户的人群组成结构。不是每一个客人认为需要改变的地方,都能符合所有客人的心意。

第三方调查或评估

独立于酒店的外部第三方调查主要是指酒店委托一家公司,让它根据酒店规定的标准对酒店进行审核评估。

优点	缺点
客观评价,对于客户询问结果的分析不带有任何个人情感色彩。一切以明确的事实为依据来进行分析。	·提问者通常既不能和酒店融为一体,也不能和客户融为一体。 ·当第三方进行客人意见调查时,也会出现质疑的声音,莫非酒店里有什么异常情况存在?一向被认为有积极意义的客户调查也会产生南辕北辙的效果,让之前一直满意的客人突然开始寻找酒店的不足和缺点。

在外部机构进行的客户意见调查中,调查服务的范围包括调查结果分析及应对措施。这些措施必须告知所有员工,或者在落实这些措施之前,先召集员工进行讨论。措施落实几周后,将对效果进行检查。若结果不尽如人意,将会做适当调整。

神秘顾客分析（Mystery Guest Analysis，MYGA）

神秘顾客分析就是神秘顾客对酒店进行全程匿名评估和分析。他们是应酒店领导层的邀请，从客人的角度对酒店进行评价，以帮助企业了解实际情况。

一般来讲，神秘顾客应当与酒店没有任何关系，这样保证其能完全客观地做出评价。通常，领导层会组织多个测试人员对酒店进行检测。他们既要评价酒店的设施，也要评价酒店所提供的产品质量，还要仔细检查员工所提供的从客人问询到离店全过程的服务质量。

大型酒店咨询公司通常可以提供由合格的、被认可的神秘检查员进行的神秘客人质量检测服务。这些神秘检查员分别根据规定的指标对酒店实地检查，最终形成图文并茂的书面报告，他们会指明酒店的优势，并提出有待改进的地方。

优点	缺点
采用神秘顾客分析这一方法是非常客观的，通过重复评估统计，获取客观的评价。	*只要评估是在绝对匿名情况下进行的，就不存在缺点。 *神秘顾客分析的评估流程和外部的意见调查流程相同。

宾客服务（DE：Gästebetreuung；EN：Guest Service）

客人处于酒店服务工作的中心，让客人满意是酒店一切工作的终极追求。因而酒店员工应该把握一个普遍适用的原则：顾客就是上帝——无论他/她是住在含早餐的小酒店、有特色的地方民宿，还是在酒店俱乐部、度假酒店、城市酒店，抑或是住在高级豪华酒店里。无论客人是贫穷还是富有、年迈还是年轻、健康还是体弱，我们都应让客人感觉到，酒店里所有的服务都以他/她为中心，一切都围着他/她转，客人都应获得超出预期的服务。

客人问询接待2

客人问询接待3

醉酒客人

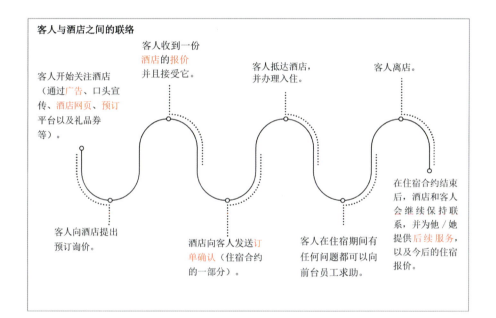

大多数客人在度假时不用操心任何事，尽享惬意时光。因此，前台员工提供卓越的宾客服务是非常关键的。

在一项调查中发现，超过三分之一的受访者希望在酒店里能有一个专属的联系人。

宾客服务包括：

• 客户信息。一方面必须专业地答复客人提出的问题，另一方面应及时主动地告知客人各类信息，比如关于出游优惠活动或者度假文体活动项目的信息。在客房或者大堂里的公告及信息显示屏上，抑或是像晨间早报、信息文件夹之类的纸质材料中，客人均应能够找到他们想要的信息。

- 在客人住宿期间提供的服务有叫醒服务或者换房。
- 投诉处理。

> 经常性地询问客人，他们对服务是否满意。在这样的交谈中，客人往往会表达一些在其他场合根本不会说的要求和建议。借此机会也恰好能够给客人一份宾客意见表。

想象一下

您在××酒店度过了一周。现在您想办理退房。于是您去往前台支付账单。前台员工将您的账单放在柜台上，并且询问您想用哪种方式支付。当您选择信用卡支付后，她接过了您的信用卡，便开始处理支付流程，然后向您索要房间钥匙，跟您道别，并祝您回家的旅途愉快。可此时您对酒店整体良好的印象却一去不复返了，您会觉得无比失望，在一个如此美妙的假期后一切居然结束得那么快。很显然，这样的酒店员工让人只想敬而远之，越快越好。

前台员工喊出您的名字问候您，并且询问您是否在迷你吧有消费。她打印出一张水单，请您核对消费。在您确认一切账目都无误之后，前台员工会询问，您想用哪种方式支付账单，然后就有条不紊地展开支付流程。在分别的时候，她递给您一杯本地区自产的小罐蜂蜜并说："我们在五月份将会举办一场高尔夫锦标赛，届时我们可以将信息推送给您吗？"您为自己的兴趣爱好得到酒店关注而感到高兴，于是爽快地同意。此外，前台员工还为您的行李运输提供帮助，感谢您选择××酒店度过假期，并且祝您回程一路平安。

> 您在哪种情况下会感觉更舒服？

吸引客人

第一印象至关重要

当客人步入酒店大堂时，他们获得的第一印象尤为重要。酒店员工应该亲切友好地问候刚刚抵达的客人！为了给客人留下良好的第一印象，得体的仪容仪表、娴熟的姿态、友善、专注、灵活、善解人意的态度和对客的专业素养都必不可少。另外，礼貌和严谨的用语不论是在与客人，还是与部门间交流沟通的过程中都是必不可少的。

精益求精

标准化或制式服务在如今是绝不会让客人感到欣喜的，因为标准却普通的服务在酒店行业里已经司空见惯。要想从竞争者中脱颖而出，唯一的方法就是提供独一无二的宾客服务。极致的服务意味着与众不同，为客人着想，细心周到，耐心倾听，并将每个细节都记录到客史档案中。

客人知道他想要什么

如今的客人见多识广，并有个性化需求。标准化的住宿、可口的饮食、怡人的风景、良好的地段以及最新的酒店设施，在他们看来是理所当然的。在过去的几年里，酒店业的国际标准变得非常高。旅游的人越来越多，即便是豪华目的地，其价格也由于特别优惠变得可以承受。

客人永远是第一位的

客人并不是他们在登记入住时获得的某个房号。如果酒店员工在每次提供服务时只会询问客人的房号，即使在结账时也只会当作209号房的客人，那么客人并不会感受到宾至如归。个性化服务才能受到客人的普遍欢迎，因为每个员工都以独特的方式方法满足客人的各种需求，其目的是让客人心满意足，甚至离店时的心情比到店时更加愉悦。一个专业的前台员工往往能够与客人建立良好的关系，并从客人的眼睛里读懂他们的需求，并积极满足客人的需求。

了解客人的需要

从酒店的"新客"到"常客"，客人的需求会不可避免地发生改变，客户关系（Customer Relations）也必然会发生改变。被酒店服务所打动的客人往往是在正确的时间体验到了正确的服务，酒店应为客人提供了有针对性的特色服务，员工从客人的眼神中读懂了他们的需求。

要想令客户对酒店服务满意并非神话，只要遵守以下几个简单的基本准则，就能提升客人的满意度：

· 一切以客人为中心。酒店员工都要有主人翁意识，为客人提供热情友好的服务是酒店的宗旨。

· 酒店的成功源于员工的成功。由于个人与企业命运相关，因而酒店的成功取决于员工。

· 每位员工都用自己的知识和技能来寻找新的、更好的解决方案。因此酒店管理层需根据员工的技能和意向来安排工作，做到人尽其才。

· 应鼓励员工为感动客人做些尝试，从而使他们与酒店的关系更为紧密。

· "一分耕耘，一分收获。"这个看似简单却闪烁着智慧光芒的道理在宾客服务中日复一日地得到验证。谁能热情友好地对待客人，就会赢得客户积极的回报。

· 当客人被酒店员工记住并受到热情接待时，他们会很感激。

· 主动接近客人有利于交流。

· 酒店的目标应该是让每位客人都感到满意。

· 应尽可能满足客人提出的合理要求。

· 酒店服务不应被任何其他行业竞争者超越。酒店的服务和服务范围应该与其他行业相比更为突出。

· 与客人相关的事务必须即刻得到解决。当客人向酒店员工求助时（通常是询问报价或者索要房间钥匙），手头的档案整理及类似工作应先放到一边。

· 酒店员工对客人保持友好亲切时也要随机应变。上次的闲聊语气可能在今天就不合适；上次精准而简洁的表述可能在今天听起来会被认为不近人情。因此要判断客人此时的状态和心情，根据谈话对象大概是感性还是理性，来调整说话风格和方式。

酒店不仅仅要赢得新客人，还要巩固与老客人的关系，这点非常重要。请竭尽全力将客人变成常客。通过优惠活动、宣传手册等，尽可能地让客人再次预订。

对，这样做！
- 友好的微笑。
- 开放的姿态。
- 出色的礼仪在我们酒店是理所应当的。
- 积极地引导交谈：我们主动走近客人。
- 工作使人快乐，我们也很乐意为客人服务。
- 客人的意见应被我们视为对酒店工作的支持而更加珍惜。
- 即便在客人离店后，他依然是我们酒店的贵宾。

请不要这样做！
- 僵硬的微笑。
- 严肃、拒人于千里之外的表情和姿态。
- 只在面对客人时友好亲切，其他时间的行为举止表现冷漠。
- 客人问什么就只回答什么。
- 客人如果需要什么，他自己会表示。
- 客人付钱了，所以我们不得不为他服务。
- 怎么能够允许别人如此批评我们呢？
- 一旦账单结清，客人与我们就毫无关系，我们提供的服务已经结束了。

不同的客人——不同的期望

在与客人的交谈中，酒店员工通常可以了解到客人的期望，从而为客人制定个性化的服务。仅仅交给客人一个酒店服务的宣传册是远远不够的。只有酒店员工设身处地为客人着想，提出真正个性化的服务建议，才会让客人觉得他这次住宿的酒店是很特别的。

酒店员工要提前考虑好将主要面对哪种类型的客人，或者对职业重新定位之前想跟哪类客人打交道，并且注意如何最有成效地将这些想法付诸实践。

当遇到以下情况，请您自问以下问题：这些对我来说究竟意味着什么……

当休闲旅客关注各种各样的有关区域优惠活动的信息时？

我会为顾客制定一份有吸引力的日程安排，并且知道如何针对客户需求进行报价。

对于商务旅客来说，（酒店）提供专业服务是理所应当时？

我会认真准备入住的手续，并争取在客人到店后就为他办理快速入住。

当澳大利亚客人很善于交际时？

我会提前考虑几个问题，比如询问他的到店方式，他来我们这儿旅行的原因，在需要时可以与客人开启一段对话。

当来自英国的客人很喜欢喝茶时？

我会请求客房部同事在客房里提前放置一些煮茶和咖啡制作的装备，例如电水壶、茶包、咖啡机、糖、咖啡伴侣以及茶杯/咖啡杯和搅拌勺。

当……时？

我如何才能在客人到店之前就为他们的特殊要求和喜好做准备呢？

了解情况的员工能够提供更好的建议

前台员工或礼宾人员通常是客人首先询问的对象。这些问题可能是关于酒店的，也可能是关于酒店内外举行的一些活动，以及当地的信息或者出行的交通工具等。

酒店员工的培训工作做得越好、员工对这家酒店以及周围地区信息越了解，他们就能越好地服务客人。员工可以通过网络或者宣传小册（广告传单）找到关于当地活动、戏剧、音乐剧和音乐会等的信息。

替客人购买歌剧门票

酒店接待 G

旅游**目的地**（地方和区域的旅游单位）和**旅游资讯点**（能够提供关于博物馆的开放时间、协助游客预订酒店客房或者景点和演出门票等）也能提供其他相关的旅游信息材料。

> 每位酒店员工都应该拥有关于旅游和文化的基础知识，因为他们代表的不仅仅是他们自己的酒店，而是整个旅游地区。

想要宾客服务达到最佳状态，一定缺少不了那些正有条不紊工作中的幕后英雄；如果能让员工参与决策的过程，那么员工对酒店的身份认同感将更上一层楼——他们会对企业更加忠诚；如果员工感觉愉悦，那么他们就会在工作中把这份愉悦传递给客人。

这样做

- 与客人们分享您对这片地区的热爱吧！客人能够察觉到，您正在信心十足地向他们推荐某些东西，而不是仅仅在背诵自己记住的一些项目介绍。把你特别喜欢的东西推荐给客人吧！了解客人的**需要**是至关重要的。请提出几个有针对性的、开放式的问题，以便了解客人的兴趣爱好，这样就能够为他们定制适合的项目和活动。
- 请您将客人的兴趣爱好备注在客史档案中。在他们下次入住时，您就可以提前为客人提供有关名胜古迹或者活动安排的可行性建议了。还可以告诉客人最近有哪些新鲜事物，这样的话，客人即便多次入住也不会感到枯燥无聊。对客人来说，再次入住也会是物有所值的。

> 怎样的活动能让您的**孩子们**玩得开心？您对远足有着怎样的要求？偏休闲风还是运动风？您想在路上花费多长时间？您对我们地区已经了解多少？

> 知道您爱好休闲远足，我给您推荐一条位于……的新的环形步道。从那里您可以欣赏到周围的壮阔景色。在阳光高山牧场里，有着最美味的国王蛋饼。

099

我强烈为您推荐一个新开放的、有18个球洞的高尔夫球场，地点在……我们可以为您预订开球时间吗？

明天在……会有一场当地的铜管乐音乐会。在音乐会的前半场将会演奏传统曲目，中场休息后将演奏爵士乐，您对这个活动感兴趣吗？

您去过当地的新浴场吗？我们的客人总是对那里的水质和宽敞的休闲设施赞不绝口。

这样做

- 为客人整理一份涵盖所有重要细节的信息单。不要忘记在页脚中写上您的姓名、日期、时间和"我们保留更改价格的权利"的注释。这个注释对于含有可变价格（酒店客房、火车票、机票等）的情况尤其重要。
- 在人来人往的度假酒店里，建议相关酒店员工经常到餐厅、早餐厅巡视，友好地与客人聊聊天气情况和住宿等。如果和客人打招呼攀谈时，能称呼客人的姓名，将为他们带来良好的体验，这比完美的书面文件更有利于维护良好的宾客关系。

前台售卖

除了提供酒店常规服务外，前台还会向客人售卖各种商品及服务，例如邮票、明信片、报纸、演出门票、纪念品、化妆品、浴袍、果酱、城市地图以及各种观光旅游项目。这些产品的销售结算必须准确无误。销售收入可以直接通过 Petty Cash（小额备用金）以现金形式向客人收取。收到现金后，必须及时准确地将本次交易记输进酒店管理系统中，以便能够平账。客人也可以在消费单上签名，收银员直接将消费挂入房账中。

出售摆放在租赁陈列柜里的商品以及剧院或音乐会门票时，售价是包含酒店佣金的；出售城市游览观光票或出租车出游服务时，酒店方也会赚取佣金（可按销售额的百分比计算）。

对客服务信息（DE：Gästeinformation；EN：Guest information）

为了让客人能够熟悉并及时获取酒店或酒店活动信息，酒店会用信息公告板、指示牌、电子显示屏等方式发布信息。

客户信息公告板

客人可以在信息公告板、电子显示屏或者前台找到关于最新活动、旅游资讯、餐厅菜单或实时天气预报等信息。在会议型酒店里，显示会议信息及会议室方向指引的电子显示屏很受欢迎。有的酒店会通过酒店自己的电视频道滚动播放酒店宣传片。信息显示屏也可以用于道路指引。

> **我们是一家有很多外国客人入住的酒店**
>
> - 这样的话，外文版的宣传册也同样很有意义。酒店可以考虑将路标和信息材料做成英文版或其他国外常客的外文版本。注意：标牌的翻译一定要正确。马马虎虎翻译出来的指示牌上容易错误百出，给人留下不专业的印象。最糟糕的是，客人会越看越糊涂。

前台/礼宾台处的服务信息

除了晨间报的方式外，日常服务信息也可以通过前台/礼宾柜台的公告栏、布告板或触摸屏发布。此外，前台和礼宾柜台也会为客人提供诸如剧院和音乐厅的演奏日程表等信息。

客房里的信息

客房里一般有一个住客须知文件夹，里面存放着客人所需的信息。

信息发布设计的首要任务就是内容的完整性（谁、什么、何时、何地）及其可读性。

一般客人需要的信息

- 早餐地点、各餐厅和酒吧的营业时间。
- 菜品与酒水饮品供应种类。
- 功能室、休闲室及其他娱乐设施的营业时间。
- 酒店所处位置及周边路线图。
- 酒店内线电话号码（比如叫醒服务、客房服务和前台总机），包括优惠及如何办理的说明。
- 电视及广播节目、技术设备的使用说明（例如互联网接入）。
- 停车库和露天停车场的位置及收费标准。
- 关于行李运输和保管的信息。
- 关于保险箱使用的信息。
- 酒店提供的服务项目，比如洗衣服务。
- 与风景名胜、旅游景点、运动设施、滑雪缆车、高尔夫球场和餐厅的链接。
- 周围的基础设施，如银行、理发店、出租车、公共交通等。
- 广告材料，如酒店宣传册、地方宣传册、地区的优惠卡等。
- 活动日历、人文指南、郊游指南、出游小贴士等。

客人可以通过书面卡片获悉最新活动。

鸡尾酒欢迎会

酒店厨师诚邀您于晚上七点到酒店酒吧参加一场鸡尾酒欢迎会。

许多酒店都由前厅部来实时更新服务对象的信息文件。客户服务信息应保持更新并被完好保存，折角或破损的文件夹都会显得不专业。

另一种为客人提供服务信息的方式是数字化形式，即通过平板电脑，或电视上的酒店频道来显示这些信息。通过位于酒店大堂或客房的平板电脑、信息显示屏或房间里的电视，可以获取酒店的各项信息，也可以预订客房服务、水疗（Spa）或者办理退房手续等。

专家对此表示

- 酒店方会在房间里为客人准备小礼品，比如一张写着节日祝福语的小卡片，一封个性化的欢迎信，或者一张去酒吧喝杯酒水的邀请函，都会显得亲近且真挚。通常由客房服务部门来安放这些小礼品。

客户档案（DE：Gästekartei；EN：Guest folio）

> **试想一下**

去年，您在一家酒店里住宿了几晚，并要了一个侧卧枕头。当您现在重新入住同一家酒店时，前台接待员告知您：

除了常规枕头，我们酒店还能像您上次住店所希望的那样，在客房里为您准备一个侧卧枕。如果您还有其他需求，请您（随时）告知我们！

以上范例说明，妥善管理的客户档案对前台员工的工作是大有裨益的。

所有关于客人的信息都会被收录在客户档案中。因此，每位员工随时都可以形成一幅关于客人的具体画像，并在客人预订时将其考虑在内，同时也可以在客户关系维护时加以考虑。

客户档案中除了要准确记录客户的个人信息，例如：姓名、住址、生日等，还会包括其住宿时长、房号、桌号、爱好、偏好、习惯以及特殊需求、价格（比如给常客或者公司价格的折扣）和一些禁忌（如过敏）等相关信息。大多数酒店的客户档案都以电子版保存在酒店管理系统中。

要将信息存储到客户档案中并使用，就必须根据数据保护基本条例获得客人的允许。

与客人的所有信函及所有的电子邮件往来被记录在客人档案中，以便可以随时查看客人是否收到优惠活动等。对此有内部缩写，也就是所谓的代码，借助其将客人进行分类。比如"GO"代表着高尔夫球手。电子邮件往来记录可以通过电子档案查询，只要根据一定搜索条件进行过滤。地址文件可用于群发邮件和新闻通信服务（例如参加高尔夫锦标赛的邀请函）。酒店员工可以访问电子版的客人信息登记表。

旅行常客

客户档案中的信息内容涉及与客户的信件往来（报价、订单确认、提供后续服务、发送祝福信和各种邮件），用于完成办理入住时所需的登记手续。这些信息还是所需名单（到店和

客户档案中的信息也有助于改善产品和服务。例如，如果很多客人在早餐时都要求无乳糖牛奶，您就可以考虑直接在自助早餐时提供。

103

离店名单，客人名单等）的基础，也是统计的依据（如收入统计、国籍统计、入住率统计等）。

客户档案中的备注越详细，就越能将客人照料得妥帖。重要的是，要使档案文件结构统一，便于寻找数据。因此，酒店需制定明晰的规则，规定信息以何种方式存储在何处。因为如果主管档案的员工找不到信息，那么那些被认真录入的内容就会被尘封在酒店管理系统里了。这些数据应当在客人预订时立即显示出来，以便所有员工都能根据客人及其意愿进行调整。

还可以为合作公司和旅行社建立客户档案，内容包含所有合同、协议、业务处理方式、联系人、所占市场份额等。

为什么一个妥善管理的客户档案如此重要？

吴先生每天清晨都要去跑步，并想提前在房间里喝一杯咖啡。

客户档案：在房间里准备一个咖啡机。

填入客户档案：客房服务部员工在吴先生到店之前预先在他的房间里摆上一个咖啡机及咖啡。

未填入客户档案：吴先生不得不每天都向客房服务员点一杯咖啡。

晚餐时分，张女士在餐厅里想点一份素食。

客户档案：素食主义者。

填入客户档案：厨师长应清楚，张女士是素食主义者，可为她准备品种多样的素菜以供选择。在点菜之前，张女士就可以收到一份为她定制的推荐菜单。

未填入客户档案：张女士必须重新询问素食的供应，并只能得到一份标准菜品来选择。

酒店接待 G

李先生在住宿期间每两天就预订了一个傍晚的全身按摩。

客户档案：每两天一次的傍晚全身按摩。

填入客户档案：李先生在他预订酒店时就会被询问，这次住宿是否还需帮他预订两天一次的全身按摩。

未填入客户档案：李先生到达酒店后想预订一个全身按摩——最糟糕的情况就是预约已经全部排满了。

去年，李明家在他们住宿期间庆祝了女儿丽丽的生日。今年，李明一家预订的度假时间推迟了一周。

客户档案：李明家女儿的生日被填入客户档案。

填入客户档案：酒店给丽丽邮寄了一张生日贺卡，并附有一张她到店后可以兑换一块小蛋糕的礼品券。

未填入客户档案：在这种情况下也许不会有问题，但您就无法在众多酒店竞争者中脱颖而出。

客人信息登记表（DE：Gästeverzeichnisblatt；EN：Guest registration form）

所有酒店都必须登记客人的信息。这种客人信息登记表通过电子方式管理和记录，并定期自动传输给相关主管部门。

客人信息登记表是连续编号的，并有一个相应的模板，必要时也可以预先印好外语版的登记表。客人须按顺序填写，每位客人的信息都必须单独填写。

两人及以上的同住者，只需要其中一位通过签名来确认相关住客的登记信息即可。如果是旅行团，需提供导游的信息，剩下的旅客只要提交一张填有他们姓氏、名字以及国籍的名单就可以。如果是外国旅客，除了客人的基本信息外，还须记录其旅行证件的类型、编号、签证信息。

登记信息并签字的人需确认填报内容的正确性——导游也需确认关于旅行团内旅客数量，以及国籍等信息的填报是否正确。

除了信息记录功能外，还可以用来查询统计信息。大多数酒店管理系统都有相应的应用程序。

在中国，客人信息登记表必须在最后一次登记后再保留规定的年份——保存电子版和纸质版——并在国家公安机关的要求下随时能够提交。

住客报纸（DE：Gästezeitung；EN：In-house guest newspaper）

住客报纸能让客人了解酒店里的优惠活动、酒店周边地区发生的新鲜事以及旅游项目等。住客报纸还能够加深客人与酒店之间的联系，增强酒店的竞争优势。

专家对此表示

- 好的住客报纸是最佳的营销工具，请仔细考虑如何利用住客报纸为酒店带来更多的销售额。可供选择的有内部水疗中心的客人折扣、随附的优惠券或该地区周边公司的广告。而且编辑内容也要深思熟虑，仅靠每日天气预报是不可能引起客人的兴趣的。

乡村旅馆（DE：Gasthof；EN：Country house）

乡村旅馆是指那些提供住宿的酒店。这类酒店多位于宁静乡村，通常属于雅致型小酒店，往往会提供较全面的服务，比如养生、运动等。

客人账单（DE：Gastrechnung；EN：Guest billing）

客人账单用于记录客人在酒店期间所产生的每一笔记入其房号下的消费。

🌞 **小贴士**
对固定服务和额外服务加以区分：
固定服务包括住宿、早餐、半食宿或全食宿、车库车位等服务。
额外服务包括迷你酒吧、电话、餐厅、健康护理等服务。

顾客账单

酒店管理系统自动生成账单，也称为水单。账单可以分项。账单接收者并不一定是住客——可以在酒店管理系统中修改寄送地址。

与餐厅及其他部门的结算

餐厅或酒吧服务人员在当班结束时，整理他/她所在工位的账单作为结算的基础。这些被客人签过名的带房间号的账单经由服务员交至 前台，这也是服务员 每日结账 的 应收款 账单。另外一种做法是，赋予服务员直接进入收银系统的权限，即将账单直接挂账入客人的房号。这样，客人会收到一张挂账单，客人需要签字来确认此消费。

客人在酒店其他部门消费，如康乐保健区、运动区和美容区，也都会由这些部门通知前台，由前台收银员将其消费计入房账，或直接在收银系统中输入房账。

其他服务的结算

如果客人仍有 费用 需要支付，那么收取现金是最简单的。使用 信用卡 支付时，酒店还要缴纳一笔 手续费。必须注意的是，在客人账单上，将为客人垫付的款项记为"应收垫付款"，在计算客户的最终账单金额前加上这笔费用，这笔费用是免税的。

发票的组成部分

按照法律规定，客人发票上由一些必要信息，和自愿补充的部分共同组成。

法律规定的组成部分如下：
- 收票人的名称及地址
- 开票人的名称及地址
- 开票日期
- 连续发票编号
- 日期、金额以及服务类别
- 销售税金额
- 适用税率
- 发票净额
- 用于销售方的纳税人识别编号（中国销售方的纳税人识别号是指税务登记证上的号码，通常简称为"税号"，每个企业的纳税人识别号都是唯一的。纳税人识别号中：企业、事业单位等组织机构纳税人，以国家市场监督管理总局编制的9位码并在其前面加挂6位行政区划码共15位码，作为其"纳税人识别号"。国家税务总局下达的纳税人代码为15位，其中：1—2位为省、市代码，3—6位为地区代码，7—8位为经济性质代码，9—10位行业代码，11—15位为各地自设的顺序码。）

客人发票上的自愿添加部分：商业签名、结算单、付款方式、银行账户详细信息。

> 基于收银机的功能，收据上必须有下列附加部分：收银机识别码、签发票据的日期与时间、根据税率区分的现金支付金额、二维码。

这样做

- 遵守发票中法律规定的组成部分的完整性。
- 注明客人的住宿时间，比如："您的住宿从……至……"。
- 列出所提供的服务，比如：两个带浴室/淋浴和厕所/阳台/半食宿的双人间，每人每晚价格898元人民币。
- 注意不同服务可选用对应的销售税率。

酒店接待 G

> **标准话术**

账单的事后寄送

- 我们希望您在我们酒店度过了一段愉快的假期时光,目前已经顺利到家了。
- 在您离店(日期)后,我们发现漏收了您一笔金额为……元的……款项。
- 随信的还有您住宿期间的结算账单。
- 我们冒昧地向您收取以下您消费过的服务费用……
- 请您在……天内将账单费用转账至我们在……银行的账户(银行账号等)。
- 我们为此次的疏漏向您道歉,并提前为您的付出致以诚挚的谢意。
- 为了弥补造成的不便,我们给您附上了价值……元的代金券,您可以在下次入住时兑换使用。
- 我们希望,在明年冬天我们能在酒店里再次为您服务。
- 我们希望明年再次见到您。

> **专家对此表示**

- 发票随附的信函中,您可以请求客人在线上预订平台或者社交媒体上为酒店撰写评价。记得在相关平台上附上能够展示酒店形象的相关链接。

总经理(DE/EN:General Manager)

总经理也称为首席执行官(CEO/Chief Executive Officer)。

总经理是酒店领导层和酒店各部门之间的纽带。她/他在酒店的住客、合作伙伴以及供货商面前代表着酒店的形象。

总经理负责的工作主要包括:财务计划和控制、酒店的财务支出和对外投资;部门内部和部门之间流程的优化也是总经理与部门负责人之间合作任务的一部分;总经理还负责市场营销和质量管理。在私营酒店里通常会有一个驻店经理,而在连锁酒店中,这个酒店负责人就是总经理。

代金券（DE：Geschenkgutschein；EN：Coupon）

代金券是酒店吸引新客人的绝佳方式。在销售代金券时，需要详细描述如何使用，比如说支付方式。还需要进一步提示客人，代金券需要在支付/转账后，才能生效。

酒店员工应该先了解代金券是给谁的，是预订者，还是其他被赠送者。通过询问持券者对兑换券的要求来主动为他们提供帮助。对于客人而言，向酒店员工询问各种用券细节是很令人不快的，而且通常还会遗漏一些重要的细节。但是，对于酒店员工来说，在交谈的开始与结束时，都要对接收酒店代金券的客人表示感谢。

代金券通常以信件的形式发出，而且极具个性化。除了包含服务描述以外，还会出现个性化的文字说明。有的酒店也在自家酒店网站的在线商城出售该券。

伴随代金券，还会附上酒店最新的宣传册以及位置信息。此外，包含支付条件的账单和感谢信，也会一起发送给预订者。

酒店除了通过代金券来吸引客人注意外，还可以选择礼品券套餐，以及体验礼盒（比如假日礼盒产品、酒店周年庆礼盒）。在这些套餐里，不同的酒店都有特定的标语，比如"健康的生活方式"。客人可以从中选出他最喜欢的产品和服务。

> 询问礼品券的使用场合，例如结婚纪念日还是生日，如果需要的话，可以在礼品券上以文字形式提及。

> 在小字部分可以声明，代金券不得在互联网上出售或转售或拍卖。

全球分销系统（DE/EN：Global Distribution System）

全球分销系统（GDS）最初是由航空公司创建的，在线上预订（Online-Booking）出现之前，全球分销系统就已经发挥了十分重要的作用。一开始这个系统用于航班和出租车的预订，后来又用于代售酒店房间。随着时代的变迁，全球分销系统（GDS）已经发展成为面向旅行社的全球性线上销售系统。

如今，一些全球分销系统的运营者也向消费者直接提供系统里的产品内容，因此，虽然全球分销系统主要是通过旅行社对产品进行报价，但是消费者也可以直接预订。全球分销系统也通过网络平台（如 travelocity.com，hotels.com，lastminute.com，expedia.com）直接与酒店合作。它们就好像是"虚拟旅游经营者"，在酒店提供的净价基础上有12%至32.5%的加价，然后以这一毛价向最终消费者销售。人们把这种价格体系称为"经销商模式"。

专家对此表示

- 目前，国际连锁酒店越来越少地通过全球分销系统（GDS）旅游平台来进行营销，而是越来越多地依赖自己的官方网站进行营销，以避免由多个经销商并行使用而造成的价格混乱。价格差异是由于加价不能由酒店自行设置，GDS平台上的产品经销商可以自行加价。这意味着客户以及客人所需的价格透明度和价格统一化无法得到保证。由于缺乏市场透明度，连锁酒店失去了报价主导权，并惹恼了他们的预订合作伙伴。这种形势变化有利于单体酒店（Individual Hotels）。大型在线旅游平台一直在努力寻找新的酒店合作伙伴。连锁酒店外流造成的空缺应该会被弥合。

双人床（DE：Grand Lit；EN：Twin bed，King/Queen size）

双人床是一张带有标准尺寸床垫的双人床，通常宽度在140厘米到180厘米之间。有时该术语也用于特大号床（200厘米 x 200厘米）。

仪容标准（DE/EN：Grooming Standards）

前台员工通常是酒店中第一批与客人有个人接触的员工。为了给客人留下良好的第一印象，整洁的外表极其重要，此外还包括肢体语言、面部表情、服装和精神面貌。

个人卫生是酒店员工仪容标准中的一个重点。具体包括以下方面。

- 精心打理的发型：
  不影响视线；
  长头发要扎起来；
  得体的头发颜色；
  不扎眼的风格。
- 良好的个人卫生，清香宜人
- 淡雅，得体的妆容
- 精心护理的双手

女性适宜用无色指甲油——没有剥落。
- 精心护理的牙齿
- 剃光或是精心修剪的胡须

许多酒店，尤其是连锁酒店，都为员工制定了仪容标准。这是酒店为其员工制定的关于仪容和举止的准则。每位新员工在开始工作时都会学习到酒店自己的一系列标准，以此作为行动指南。

示例

酒店制定的仪容标准

无论是正在提供对客服务的员工，或仅仅只在客人区域停留的员工都代表着酒店的形象。因此，我们期望每位员工的举止都符合酒店的标准——"从头到脚都整洁"。请认识到，你们整洁的外表，对提升客人在我们酒店中的幸福感有着举足轻重的作用。良好的服务和一流的品质来自我们如何向客人展示自己。因此我们员工应注意以下方面：

- 发型：干净、整齐、精致的发型；长发一定要扎起来，不能耷拉在脸上。发夹、发圈样式朴素简洁，要与衣服相配；不要用发胶；男性适宜短发。
- 手/指甲：干净、修剪整齐，锉成合适长度；只用淡色指甲油且没有剥落。
- 吊裤带：只能穿在西装外衣里面——绝对不能被别人看见。
- 领带：要与衣服搭配，打好领带结，不可以是皮领带！
- 圆珠笔：要佩戴在制服的内侧，最多两支。只用有我们酒店标志的圆珠笔。
- 化妆：与衣服的颜色相匹配且不显得突兀的淡妆。
- 名牌：在客人区必须始终佩戴姓名牌。将名牌直接固定在上衣的左侧。除了酒店内部徽章或酒店规定的徽章外，不要佩戴其他徽章！语言标记（员工母语国家的国旗）应佩戴姓名牌下。
- 香水/除臭剂：淡淡的、不刺鼻的气味；最好使用止汗和止臭喷雾。
- 请打理好您的衣服，并确保它们完好无损。对于在工作时间内必须进行小修补的（例如纽扣掉落、接缝撕裂），制服房的工作人员将很乐意为您提供帮助。

专家对此表示

- 员工应该履行酒店的规定。如果员工的个人志趣与酒店规定不相符，那员工应当考虑另谋他职。

酒店接待 G

团队价格（DE/EN：Group Rate）

团队价格是指酒店给予旅行团的价格。通常，酒店会根据季节给予旅行团 20%–40% 的折扣。

客用品（DE/EN：Guest Amenities）

客用品或宾客便利用品是指酒店为客人提供的客房用品。其中，洗发水、沐浴露是经典的客用品。常见的客用品还包含欢迎客人的小礼物，如带有假日祝福的卡片或糖果等。客用品的选择范围很广，很多酒店还提供针线包、牙具套装、化妆棉、客用拖鞋、浴袍等，枕边薰衣草睡眠喷雾也很受欢迎。客房部负责订购和提供客房内的客用品。

酒店经营者喜欢提供小礼品——小礼品上印有的酒店标志也是一种酒店的广告形式。客人也很喜欢这种小礼品，很多客人认为酒店赠送这种小礼品是理所当然的。您可以尝试提供个性化小礼品，例如流感季节期间的一包手帕或为有孩子的客人准备的绘画工具。

小瓶的沐浴露和洗发水会产生大量废弃物，这就是为什么越来越多的酒店开始使用可重复装瓶的容器来装这些产品。当然，这样做还带来了其他的积极作用：这些物品不会像每天必须补充的小瓶装产品那样容易被客人打包带回家。

娱乐中心（DE/EN：Guest Entertainment Center）

娱乐中心是指许多酒店都会为客人提供的各种娱乐活动的地方。酒店客人可以依据自己的品位、心情或需求，线上选择他们想要的娱乐。

酒店一般提供以下产品服务。

房间内的电视：音乐和付费电视频道、酒店信息、消息、客房服务、水疗护理、个人账单预览、电视退房服务、房间控制（暖气、空调等）、叫醒服务。

酒店其他区域（例如大堂或水疗中心）的数字信息屏幕：可用信息和功能，例如酒店有关位置和区域的信息。

宾客关系经理（DE/EN：Guest Relations Manager）

宾客关系经理主要负责处理客人提出的要求和解决客人的投诉。他/她负责照料VIP客人并处理这些客人的所有特殊要求。此外，她/他负责协调客人的到达和离开以及房间的分配，并与前台密切合作。

一般情况下，宾客关系经理在大堂的一个隐蔽处设有一张工作台。它给予客人一个信号：客人可以随时联系到酒店的管理层。宾客关系经理可以在此与客人就棘手问题进行沟通交流，这种交谈需要一个安静的环境。此外，宾客关系经理可以督查酒店大堂内发生的一切。在一些大型酒店，值班经理也可以使用宾客关系服务台。

酒店接待

H

从危害分析关键控制点

到

酒店客房部

危害分析关键控制点（DE/EN：HACCP）

HACCP 是指危害分析关键控制点，即 Hazard Analysis Critical Control Points 的首字母缩写。HACCP 方案是要求企业引入的控制体系，以保证客人和员工的安全。

女管家（DE/EN：Hausdame）

详见行政管家（Executive Housekeeper）。

酒店工程部门（DE：Haustechnik；EN：Engineering Department）

酒店工程部门的人员在酒店负责小维修或委托维修，包括通风、暖气和空调等设备的安装和维护、消防措施的实施和控制、运输和客用电梯的维护、危险品的处置、客房内故障设备如电视和吹风机等的即时更换或修理、酒店内部多媒体设备的维护、门锁或钥匙卡服务、老旧家具的更换和维护等。

前台和酒店工程部门必须保持良好沟通。前台员工如遇到技术故障，必须立即告知酒店工程部，酒店工程部门必须迅速解决故障。如果发生重大故障，要向相关客人道歉，并在必要时提供赔偿。

宠物（DE：Haustiere；EN：Pet）

如果酒店经营者允许客人携带某些符合规定的宠物，则客人必须在预订时标注并写明是哪种动物。前台接待员应该在客人预订时询问客人有哪些与宠物有关的需求，例如是否需要碗、水容器等。必须将这些要求在客户档案中注明。

房间号：

姓名：

请在此处说明您的维修要求：

床　　　　淋浴

浴缸　　　吹风机

灯　　　　暖气

水　　　　厕所

窗帘

其他

与爱犬一起出游

多数客人不会愿意住在以前养过宠物的房间，因此应该为养宠物的客人单独提供几间固定的房间。房间尽管经过仔细打扫，依然会给过敏患者带来问题。如果客人要将宠物带到房间住宿，比较实用的做法是让他们住在能快速离开酒店的房间，最好是无需使用电梯的房间。

专家对此表示

- 可以将宠物的名字记在客户档案中。下次客人入住时，您也可以按名字称呼客人的宠物。此外，一些小零食会让宠物主人有种宾至如归的感觉。注意：不要在没有询问是否可以喂养的情况下喂养客人的宠物。

招待所（DE/EN：Hostel）

招待所是比较便宜的住宿地点。目标群体主要是（年轻的）散客和背包客。大多数招待所类似于青年旅馆，提供多床房的住宿，通常设有公共浴室和厨房。近年来，许多招待所已经发展成为现代装修风格的简约型酒店。

酒店（DE/EN：Hotel）

酒店是为客人提供住宿和餐饮服务的企业。酒店这个词来自法语，最初是指贵族在乡间招待贵宾的别墅。一个头脑灵活的仆人经过努力亲手建造了一座小别墅，并以此命名，让上流社会可以有偿地效仿贵族的生活方式。这就是今天仍在使用的"酒店"一词的由来。

就组织架构而言，酒店基本上有两种形式——美国组织架构和欧洲组织架构。这两种架构在任务领域的划分上有所不同。在绝大多数酒店中，工作任务基本相同，但在中小型酒店中，由于员工数量比较少，所以每个员工需要承担更多的任务和职责。

单体酒店和集团联号酒店之间也有较大区别，通常根据酒店所有权或经营管理方式来进行分类。前者是私人经营的住宿企业，后者是集团或连锁酒店的一部分。集团联号酒店大多是美国组织架构。

在任何情况下，工作领域都必须明确界定，并让每位员工都能理解。

根据所处地理位置不同，酒店可以分为郊区酒店、城市酒店、机场酒店、海滨酒店和汽车旅馆等类型。

酒店还可以依据不同价位和类别来进行分类，从设施设备简朴实用的廉价经济型酒店到设施设备高档齐全的豪华酒店。由于有酒店评级，例如星级，潜在客人可以根据星级来评估住宿设施的情况。

酒店的设施也取决于目标群体的定位。例如，对于城市商务酒店的客人而言，高速的WLAN（无线上网）、便利的（公共）交通系统以及快速退房通道很重要，而康养型酒店（Wellness hotel）提供多种健康护理产品和服务以及让人放松的氛围。

酒店评价（DE：Hotelbewertung；EN：Hotel review）

详见评价（Review）。

只提供住宿和早餐的旅馆（DE：Hotel Garni；EN：Hotels only provide accommodation and breakfast）

这类旅馆主要提供住宿，以及早餐、饮料及一些小吃，不设传统的餐厅，其大多数是私人经营的住宿场所，房间数量很少，通常是带早餐的简易住宿。

酒店大堂（DE：Hotel Halle；EN：Hotel lobby）

详见大堂（Lobby）。

酒店评级（DE：Hotel klassifizierung；EN：Hotel rating）

人们去旅行，通常不会漫无目的，而是对度假目的地和住宿有一定的期望。人们想全面了解各类酒店和多种多样的优惠很困难。这时，根据各种标准进行住宿分类和评级就很重要，客人可以通过酒店评级对酒店有直观的了解。

众所周知，酒店星级评定系统是基于一个通用的标准，目的是确保透明度和客人的安全。客人可以根据评级预估到他们所期望的服务。

有的酒店故意不做评级，比如已经达到连锁酒店标准的连锁酒店。

瑞士酒店协会（DE：Hotellerie Suisse；EN：Swiss Hotel Association）

瑞士酒店协会代表瑞士酒店企业的利益。该协会拥有100多年的历史，主要代表瑞士国内和国际酒店企业的利益。瑞士酒店协会的任务包括酒店评级，制定培训和继续教育计划以及提供法律方面的建议。作为欧洲酒店、餐厅、咖啡馆业的保护协会（HOTREC）的创办会员，瑞士酒店协会在国际上也很活跃。

中国旅游饭店业协会（DE/EN：CTHA（China Tourist Hotel Association））

中国旅游饭店业协会成立于 1986 年 2 月，是由中国境内的旅游饭店、饭店管理公司（集团）、饭店业主公司、为饭店提供服务或与饭店主营业务紧密相关的企事业单位及各级相关社会团体自愿结成的全国性、行业性社会团体，是非营利性社会组织。会员聚集了全国饭店业中知名度高、影响力大、服务规范、信誉良好的星级饭店、主题精品饭店、民宿、国际饭店管理公司等各类住宿业态。协会宗旨是：代表和维护中国旅游饭店行业的共同利益，维护会员的合法权益，为会员服务，为行业服务，在政府与会员之间发挥桥梁和纽带作用，为促进我国旅游饭店业的健康发展做出积极贡献。协会为会员服务体现在：通过对行业数据进行科学统计和分析，对行业发展现状和趋势做出判断和预测，引导和规范市场；组织饭店专业研讨、培训及考察；开展与海外相关协会的交流与合作；利用中国旅游饭店业协会官网和中国旅游饭店业协会官方微信向会员提供快捷资讯，为饭店提供专业咨询服务。中国旅游饭店业协会是国际饭店与餐馆协会（英文缩写为 IH&RA）的会员单位，也是世界旅游联盟（英文缩写为 WTA）的创始会员。

酒店软件（DE/EN：Hotel-Software）

详见酒店管理系统（Property Management System）。

酒店星级联盟（DE/EN：Hotelstars Union）

众所周知，世界上许多国家/地区引入了基于标准的酒店分级系统，以使酒店从客房陈设、餐饮到客区的附加服务等方面都具有可比性。

由 HOTREC 主持的酒店星级联盟超越了国家层面，它是一个欧洲酒店分级系统，目前包括奥地利、德国和瑞士等 17 个成员国。成员酒店的评级基于通用标准目录。

这样做

- 酒店分为一星级到五星级（在餐饮选择有限的情况下，例如：只带早餐的住宿，一星级到四星级）。为了达到某个星级，酒店必须全方位地满足规定的最低标准。评估标准包括整体印象、设施维护状况、服务质量（例如员工仪容仪表、制服以及员工的友善态度和沟通能力）、酒店自己的休闲和附加设施（例如室内游泳池、会议室）以及客人的满意度。

- 由于在线平台上的评分会影响许多客人对于酒店的选择，因此在评级时也会参考在线平台上的评分和评价。在线平台显示酒店的星级/类别。

- 根据满足的最低标准、最低分数和获得的额外分数来获得星级。在每个星级中还有一个类别"高级"（例如四星级高级）。如果酒店提供附加服务，则可以评为高级。

- 经独立委员会审查后，应酒店要求授予星级。通过定期检查和自我监控，质量将得到长期保证。获得认证的酒店可以得到一块标有获得星级的牌匾，客人以此来进行识别。

- 根据《中华人民共和国星级酒店评定标准》，中国将酒店按等级标准以星级来划分，分为一星级到五星级5个标准。星级以镀金五角星为符号，用一颗、两颗、三颗、四颗、五颗五角星分别表示一星级、二星级、三星级、四星级、五星级，五颗白金五角星表示白金五星级。最低为一星级，最高为白金五星级。星级越高，表示旅游饭店的档次越高。

五星酒店

这是旅游酒店的最高等级。设备十分豪华，设施更加完善，除了房间设施豪华外，服务设施齐全。各种各样的餐厅，较大规模的宴会厅、会议厅、综合服务比较齐全。能够开展社交、会议、娱乐、购物、消遣、保健等活动。

四星酒店

设备豪华，综合服务设施完善，服务项目多，服务质量优良，室内环境艺术，提供优质服务。客人不仅能够得到高级的物质享受，也能得到很好的精神享受。

三星酒店

设备齐全，不仅提供食宿，还有会议室、游艺厅、酒吧间、咖啡厅、美容室等综合服务设施。这种属于中等水平的饭店在国际上最受欢迎，数量较多。

二星酒店

设备一般，除具备客房、餐厅等基本设备外，还有卖品部、邮电、理发等综合服务设施，服务质量较好，属于一般旅行等级。

一星酒店

设备简单，具备食、宿两个最基本功能，能满足客人最简单的旅行需要。

欧洲酒店、餐厅和咖啡厅协会（DE/EN：Hospitality Europe，HOTREC）（欧洲酒店协会）

欧洲酒店、餐厅和咖啡厅协会，又称欧洲酒店协会，是欧洲酒店和餐厅的伞形组织。HOTREC 还是酒店星级联盟的酒店评级系统的赞助单位。

酒店客房部（DE/EN：Housekeeping Department）

酒店客房部负责酒店客房的清洁和保养。除了清洁客房、公共区域和健身区外，酒店布草用品清洗和植物护理通常也是客房部的职责。

酒店的前厅部和客房部必须紧密合作：

前厅部及时告知客房部当前的预订情况、客房入住计划、以及客人的特殊要求，例如，告知客房部客人是否有特殊需求，是否带小孩或带宠物等。

客房部将空置和打扫过的房间、目前正在彻底清洁的房间，以及迷你吧中的消耗量等情况及时报告给前台。

如果客人生病或需要帮助，客房部会通知前台。如果客人在客房造成了物品损坏，不论是由保险公司承保还是由客人自己赔偿，都必须向前台报告。

此外，各个部门相互及时通报有关客人贵重物品、私人物品丢失或发现的信息。

酒店各部门通过酒店管理系统相互联网。信息交流包括预订信息、客房入住计划、客房专用设备通知、装修计划、问题清单、失物招领、迷你吧消费的消费清单等内容。

酒店接待

I

从国际航空运输协会

至

网上分销系统

国际航空运输协会（DE/EN：IATA（International Air Transport Association））

IATA 是国际航空运输协会（International Air Transport Association）的英文首字母缩写。国际航空运输协会的总部设在加拿大的蒙特利尔市，成立于 1945 年。

> 旅行社出售机票需拥有 IATA 的许可证。

德国酒店协会（DE/EN：IHA（German Hotel Association））

德国酒店协会（IHA）是德国的酒店业的行业协会。它拥有大约 1300 家私人、合作和连锁酒店会员。酒店协会代表与政府相关的行业利益。酒店协会还向其成员提供与该行业相关的要求和发展动态。

奖励（DE/EN：Incentive）

此处的奖励是指酒店提供的各类奖励性活动，即通过有意识地给予员工或客户一些激励，从而更好地实现酒店的目标。通常，奖励通常以会奖形式呈现，具有一定的休闲和冒险特点（如周末在健身酒店度过、乘坐热气球等）。

境内代理机构（DE：Incoming-Agentur；EN：Inbound agency）

那些来自其他国家或遥远内陆的旅行者到一个地区进行的旅游，称为入境旅游。由于组团社不可能全面了解所有目的地，因此他们依赖当地的旅行社合作伙伴。这些所谓的境内代理机构（地接社）非常了解当地的旅游产品和服务，会选择合适的住宿供应商、活动项目、接送服务等，并保证产品和服务的质量。

境内代理机构要为委托的组织者提供以下服务。

·住宿的选择、房间价格、配额。

·附加服务的选择。

·陪同组织者现场考察：组团社到目的地查看服务，境内代理人全程照料、陪同。

·照顾客人和现场处理：包括重要的、针对个人服务的投诉处理。

·在现场作为中介为客人提供帮助，例如在酒店超额预订的情况下，如何进行协调。

许多旅行社既有入境部门，又有出境部门。

信息栏（DE：Information skamm；EN：Information index）

信息栏一般是指信纸上预先印好的页脚，它包含准确的公司名称、地址、电话号码、传真号码、网站和电子邮件地址。根据公司的业务类型，商务信函有各种必填信息，包括公司名称、法定公司注册号等。

由于通常只使用一种信纸，并且对于发票还需要其他信息，信息栏还引入了法定商业登记号、管辖地、银行详细信息、IBAN、BIC 和 UID 号等，在某些国家（瑞士、意大利）还引入了增值税号。

国际游客（DE：Internationale Gäste；EN：International Guest）

详见客源市场（Source Market）。

网上分销系统（DE/EN：Internet Distribution System）

网上分销系统（IDS）一方面是指所有基于互联网的销售和预订系统的总称；另一方面它也是互联网销售平台的名称，该平台从 Pegasus 获取房源信息和价格，并直接提供给最终用户。网络预订引擎也是 IDS。

酒店接待

J

从青年旅舍

到

小型套房

青年旅舍（DE：Jugendherberge；EN：Youth hostel）

一般来讲，陈设简单（共用房间和浴室）的住宿设施被称为青年旅舍。它的<u>目标群体</u>主要是青年团体或学校学生。欧洲比较常见，一般是指奥地利的青年旅舍协会、德国的青年旅舍协会、瑞士的青年旅舍协会的住宿旅舍等。

小型套房（DE/EN：Junior Suite）

也称为：迷你套房（Minisuite）。

小型套房是指一间宽敞的房间，设有睡眠休息区和起居区，起居区必须与睡眠区进行视觉隔离，设有浴室/卫生间。与<u>套房</u>相比，起居区和睡眠区不必是单独的房间。

酒店接待

K

从现金簿

到

游客税

现金簿（DE：Kassabuch；EN：Cash book）

在酒店信息化之前，酒店进行的所有现金存款和取款都记录在现金簿中，酒店信息化之后，酒店所有交易的往来都必须记录在酒店管理系统中。

收银员（DE：Kassier；EN：Cashier）

任务

- 收取客房账单上的服务费；
- 为客人垫付现金费用（如鲜花、出租车、观光旅游等费用）；
- 保管现金簿；
- 处理信用卡账单；
- 收取房费；
- 外币兑换；
- 保险箱或贵重物品的管理。

法语：Caissier
英语：(Chief) Cashier（总）出纳员

关键数据（DE：Kennzahl；EN：Key Figure）

关键数据为酒店提供了有关酒店运营现状的信息和指数。通过关键数据可以对目标任务进行衡量和比较。如果酒店之间在计算中使用相同的数据，那么酒店间可以相互比较。

多个数据可用于评估酒店运营的好坏，这些数据因酒店的位置（城市或度假酒店）和国家而有所不同。在一个好酒店中，每晚酒店管理系统都会计算出大量的数据，生成每日结算报表上报管理层，成为每个前台员工每天熟悉的内容。

关键数据通常被用于与对应的上一期的结果进行比较。这些数据应当是使用完全相同的方法和相同参数进行收集的，因为只有这样才能对这些数据进行比较。

下列关键数据和前台相关：

房晚数（Room Night）

这个数字显示了在某个时间段（例如一个月）内被使用或出售的所有房间数。

示例

5月入住客房数：1312。

人晚数（Person Night）（Persons per period/beds per period）

这个数据是指出售的"床晚数"。该数据显示了某个时间段（例如一个月）内客人使用了多少床位，或在某个时间段内有多少人入住了该酒店。

示例

5月占用床位数（人晚数）：1724。

入住率（Occupancy）

房间的入住率（不是床位！）是一个关键数据，该参数还可用于与其他机构（例如连锁店）的比较。季节性经营的酒店不使用此参数（或仅采用每月，而不是每年），例如，当酒店仅仅九个月（而不是十二个月）保持开放营业时，使用该参数将得出错误结果，使得该结果没有可比性。

关键数据核算

$$\frac{某个时间段的房晚数（例如5月）}{可售房间数量 \times 某个时间段的天数（例如5月）或开放天数} \times 100 = 房间入住率（\%）$$

示例

$$\frac{1312（5月的房晚数）}{54（房间数） \times 31（5月的天数）} \times 100 = 78.38\% \ 房间入住率$$

满房天数（Full House Days）

满房天数表示在计算期内酒店 100% 入住的天数，即所有酒店可售客房均已售出。此计算方式主要用于季节性酒店，用于衡量酒店收益管理的成效。

关键数据核算

$$\frac{\text{某时间段内售出的房晚数（例如 5 月 –10 月）}}{\text{房间数量}} = \text{满房天数}$$

示例

$$\frac{7668\,(5\,\text{月 }–10\,\text{月的房晚数})}{54\,(\text{房间数})} = 142\,(\text{天})$$

ADR（Average Daily Rate 平均每日房价）/ARR（Average Room Rate 平均房价）/RevPOR（Revenue Per Occupied Room 每间入住客房收入）

这些关键数据显示了酒店在一定时期内的平均房价。根据价格、类别和季节，计算某个时期的客房总销售额除以该时期售出的房晚数。

重要提示：客房营业额允许不包含营业额部分份额，例如税、早餐、地方税或附加税。

关键数据核算

$$\frac{\text{特定时间段的客房销售额（例如 ×× 月的客房销售额）}}{\text{×× 月内所售出的房晚数}} = \text{ADR/ARR/RevPOR}$$

示例

$$\frac{91681.22\,(10\,\text{月份的客房销售额})}{827\,(10\,\text{月份的房晚数})} = 110.86\,\text{元}/\text{房晚}$$

每间可售客房收入（RevPAR）（Revenue Per Available Room）

RevPAR（每间可用房收入）显示有关特定时段内房间产生收益的信息。这个数值当然会低于 RevPOR（每间入住客房收入），因为用于计算的房间数量更多（已入住房间 + 未入住房间，不包括维修等不可售卖的房间）。

这个关键数据清楚地表明，因为平均房间价格下降了，没有什么比酒店空置房间所造成的成本更高的了，空置房间最终也需要支付成本。此外，RevPAR（每间可用房收入）显示了空置房间时的房价可以有多低。

关键数据核算

$$\frac{\text{客房销售额}}{\text{可售房的总数}} = \text{RevPAR（每间可售客房收入）}$$

示例

$$\frac{91680.00\ (10\ 月份的客房销售额)}{870\ (10\ 月份的最大房晚数)} = 105.38\ \text{元} / \text{房晚}$$

> 🔆 **小贴士**
>
> 关键数据在报表中与 YTD 或 MTD 信息一起提供。这显示了关键数据和时段之间的关系：YTD 表示年初至今，描述从一年的第一天到当天的时间段。MTD 表示月初至今，描述从一个月的第一天到当天的时间段。

当然还有其他关键数据。每家酒店都必须确定和比较对其有意义的关键数据。

大客户经理（DE/EN：Key-Account-Manager）

大客户经理的任务与<u>销售经理</u>的任务相似。大客户经理负责管理公司的大客户。

示例

一位重要的入境机构人员发起投诉。大客户经理亲自处理好涉及的客人和<u>入境代理机构</u>的员工二者关系，获取双方的满意。

房卡（DE/EN：Keycard）

酒店的房卡经过设置后可重复使用。目前，许多酒店使用这些以加密形式存储信息的磁卡作为钥匙，编码包括房间号和最后有效日期（离店日期）。客人可以使用它进入自己的房间，房卡上还可储存额外的访问权限（例如打开酒店入口大门、使用客用电梯和房间保险箱、进入健身区、车库、滑雪储藏室等区域）。

房卡在其他领域的应用

- 客人可以在房号账下预存一定数量的金额，在酒店内即可用房卡支付消费。
- 在酒店里购买的所有东西和使用的服务——从房费开始——都可记入该卡并在退房时结算。为此记录数据的相关部门要安装读卡器。这些数据将记入客人的账户中。这些设备通常通过终端计费设备在线连接。
- 门禁监控：借助酒店门口的读卡器，持卡客人才能进入酒店。该系统对于没有夜间门童的中小型酒店特别实用且价格合理。
- 房卡可用于控制客房内的电源。客人在进入房间时将房卡插入节能开关，房间就通电了。离开房间时，客人取出房卡即可断电。

根据客人的需要，房卡会在客人入住时进行编码。归还房卡后，将为下一位客人重新编码并可重新使用。更多的房卡访问种类信息，可以在关键词钥匙卡下搜索到。

关键指标（DE/EN：Key Indicator）

详见关键数据（Key Figure）。

关键业绩指标（DE/EN：Key Performance Indicator）

关键业绩指标（KPI）是显示酒店区域/部门如何发展，或是否正在实现某些目标的关键数据。酒店行业的关键绩效指标有平均房价（ARR）、每间可售客房收入（RevPAR）和每间已入住房间的成本等。

儿童（DE：Kinder；EN：Children）

有孩子的家庭在旅行时会受到假期时间的限制。他们需要酒店提供一些适合家庭的基础设施和服务，包括托儿服务和儿童文体活动、游乐区、孩子玩耍和做手工艺品的房间等。如果有带孩子的家庭即将抵店，最好提前与客人说明，并确认房间里需要什么设施。并在 酒店管理系统 中注明，以便及时准备房间。

在专门接待带婴幼儿家庭的酒店中，常备有婴儿床、换尿布台、婴儿监控器、奶瓶加热器和安全插座等设施。

列明价格的家庭套餐（family arrangements）和一价全包 优惠套餐 是首选。为有孩子的单身人士提供的优惠产品和服务也变得越来越重要。到目前为止，这个利基市场(niche market)几乎未被覆盖。

对于家庭出游小贴士推介

为有孩子的家庭准备的特别礼物，例如一套涂色书和彩色铅笔。 许多 酒店 还提供棋盘游戏。

特大床 （DE/EN：King-size bed）

特大床是指200厘米×200厘米的床。

制服 （DE：Kleidung；EN：Uniform）

"人靠衣装"也适用于 前台 工作人员。工作制服必须与酒店风格相匹配，并根据业务类型进行区分。乡村度假酒店希望通过家具和氛围向客人展示他们当地传统，他们的员工通常身着民族风格的制服，而城市酒店的员工通常更偏好经典款的制服。

这样做

- 干净、熨烫平整、合身、与酒店风格相匹配的个人服装或制服。
- 男士着西装打领带或领结，传统的男士短上衣则无需配领带。
- 女士着套装、裤装、连衣裙，或传统民族服装以及长度合适的短裙。
- 领口开口不能太深。
- 不能是露肩上衣。
- 必须穿长筒袜或短袜。
- 颜色不能太醒目，必须是柔和色系。
- 首饰的佩戴要得体且符合整体形象。
- 没有看得见的穿孔和文身，最多只戴一副耳钉或低调的耳环。
- 带有酒店标志的清晰可见的名牌。
- 穿舒适、干净、整洁的鞋子。

> 短裙的底端不应超过膝盖以上 10 厘米。

> 员工穿制服要感觉舒适、行动自如，如果员工不停地拉扯自己的衣服，就显得不专业了。因此，必须确保制服的舒适、合体。

与客人直接接触并且与客人联系频繁的员工应佩戴名牌。名牌（Name badge）通常佩戴在左侧领口或胸口处。

由于前台员工的外表极大影响了客人对酒店的第一印象，因此许多酒店制定了相应的仪容仪表标准——员工的外表和卫生准则。

> 切勿将名牌贴在围巾或领带上，而应将其固定，以让对面的人可以快速轻松地看清它。

佣金（DE：Kommission；EN：Commission）

佣金是酒店支付给大型旅行社的代理费。支付给小型旅行中介机构的代理费称为中介费。然而在实践中，这两个术语经常混淆。佣金包含在酒店和旅游经营者商定的总价（gross rate）中。

> **小贴士**
> 如果在酒店合同中提到与佣金有关的总价和净价，则净价（net rate）是指不含佣金的房价，而总价（gross rate）是指包括佣金的房价。

会议（DE：Konferenz；EN：Conference）

会议是指人们根据特定主题而进行的集中活动。这些活动通常由公司组织，也可以由协会或机构组织。会议主要在秋季和春季举行，可以提高酒店淡季时的入住率，因此受到酒店业的青睐。合适的房间和会议设施设备对此类活动很重要。

在会议活动的休息时段，通常会安排茶歇（coffee break），酒店在会议室外安排饮料和小吃。通常还会在午餐时段安排集体用餐。

酒店的会议套餐往往提供多种服务，包括住宿、膳食（例如早餐、茶歇、午餐和晚餐、会议室的饮料）和各种会议设施设备。会议套餐数据存储在酒店管理系统的基础数据中供会议预订时使用，会议套餐份额和税率因此得以正确计算和存储。

大型会议（DE：Kongress；EN：Congress）

大型会议是某些行业的代表大会、专业或学术的交流活动，通常持续数天。

当集团、公司和组织举行大型会议或会展时，通常需要一个合适的地点。在当地旅游组织的支持下，通常也会提前预订大量服务，例如，住宿、接送、娱乐节目、接待等。

参会者通常远道而来，因此会议地点应该选择方便客人到达的地方。会议组织者喜欢将参会者安排在地理位置便利的酒店。

参会者通常是喜欢高档酒店（四星级或五星级酒店）的挑剔客人。他们希望有些有趣的配套项目——从文化体验到购物。

会议以及会展的组织单位必须集中排在会议/代表大会以及MICE的标题下。

酒店和旅游目的地对于举办会展有很大兴趣，因为会展经常在酒店入住率低的时候举行。

研究表明，会议旅游的游客在旅游目的地的花费高于平均水平。

配额 / 定量（DE：Kontingent；EN：Quota）

如果旅行社或其他销售合作伙伴有大量的旅游业务（例如酒店的房间、飞机上的座位）销售给客人，酒店可为其提供一定比例的定量房。在酒店行业，该术语在酒店与其销售伙伴（例如旅游经营者）之间的合作中发挥着重要作用。

销售合作伙伴（旅游组织者、入境接待机构、旅行社、会议组织者、公司和在线预订平台）有一定数量的定量房可用。流程如下：销售合作伙伴可以在明确商定的日期或客人抵达日期之前的某个时段内出售这些房间。此日期或定量分配房到期之前的时间段，分别称为定量房生效期或有效期。

> **小贴士**
>
> 开放式配额：在配额定量房有效期内未售出的房间将退还给服务提供商（例如酒店），即配额到期。这些释放出来的房间可再供酒店直接销售。
>
> 保障性配额：如果对酒店或旅游目的地有强烈的需求并因此有良好的谈判地位，可以与旅行社进行保障性合同谈判，其中旅行社保证配额房间有一定的平均入住率。简而言之，这意味着旅行社支付全部配额房的金额，无论它们是否售出。在这种情况下商定的价格会非常低。
>
> 调用型配额：酒店有时会为大会或大型庆祝活动的组织者提供所谓的临时调用配额。这意味着在特定日期之前，一定数量的房间会被活动者预留。并可直接向酒店预订这些房间，直到约定期到期为止。

定量合同 （DE：Kontingentvertrag；EN：Agreement of Quota）

酒店和销售合作伙伴之间的合作条款通常在配额合同（也称为定量销售合同）中进行约定。合同的合作伙伴可以在合同到期日期之前接受和确认预订，而无需来自另一方的进一步确认。下列内容需在配额合同中进行约定。

- 配额：可用床位 / 房间的数量及其锁定时间（该房间配额不可用或有限可用的时间）。

- 生效期、有效期、时间段：这是预订到店前的日期或天数，在此之前，可接受随时预订配额房间。在此日期之前，酒店经营者负责提供房间，旅行社不支付任何空床费。

· 酒店的季节性或锁定时间：合同规定了酒店的季节和锁定时间。

· 价格：例如每人价格、房价、单人房附加费／单人附加费、单人入住房价、加床和儿童床／婴儿床的价格、免费场对应的旅行团价格、带宠物的费用。

· 附加服务：例如半食宿／全食宿的质量、早餐质量、全包价内容、行李服务。

· 旅行社产品宣传的制作成本分摊。

· 特定市场的独家代理合同，确认该酒店仅选择一家旅行社作为特定市场的销售合作伙伴。

· 旅游组织者为客人提供的套餐和安排。

· 特定时间段或日期的折扣：如入住三晚支付两晚，保证周日延迟退房而不收取额外一晚的费用，以及儿童折扣、加床折扣等。

· 税：地方税、服务费。

· 净价保密：酒店不得向从合作旅行社订房而支付不同（更高）价格的客人披露净价，即使客人额外预订了一晚并且需要知道它的价格。在这种情况下，您可以在净房价基础上加上佣金／回扣，也可以参考互联网上关于续房的官方预订价。

· 特定市场的限制：有时合同规定酒店不得在特定市场销售。如果酒店已经与另一个中间商就某个市场签订了排他性协议，就会出现这种情况。

· 标价：最终消费者在他／她选择的旅行社支付的价格永远不会高于酒店公布的标价，因此在净价协议中要明确规定这个价格，以便所有经销商不会加上过高的附加费而超出标价。

· 到店和离店时间。

· 特定时期的最短居住时间（例如假期、某些活动）。

· 附加信息：菜单选择（例如午餐或晚餐的半食宿、饮食）、停车位（例如车库、费用）、宠物（允许、不允许、产生的费用）、付款方式、付款期限。

这些服务包含在房价内吗？

合作协议（DE：Kooperationsabkommen；
EN：Cooperation Agreement）

合作协议约定了酒店与合作旅行社、公司（例如巴士公司）之间的合作内容。这些合同的有效期通常为一年，可根据需要进行调整。这类协议包含了合作伙伴之间的详细信息，包括有关配额和佣金的规定。这些协议基于酒店业一般条款（AGBH）以及适用于旅行社的合作协议（国际IHA 和 UFTAA）。

一般情况下，合作协议规范了住宿提供者与旅行社在国内业务往来中的做法。

一般合作协议通常是推荐性协议，就如何处理经常发生的问题提供建议。酒店和旅行社也可以签订特殊协议和单个合同。

合作协议包含哪些内容？

合作协议涉及的其他事项：
- 预订类型
- 优惠券（酒店代金券）
- 价格
- 付款期限
- 佣金（至少8%）
- 取消条款和费用
- 未入住条款和费用
- 团体旅行协议（免费场所）
- 担保义务（赔偿金、更换住宿、损坏情况下的告知义务、硬件设施缺陷评估等）

当然，有的国家的酒店和旅行社之间没有专门的合作协议。例如，德国酒店协会（IHA）作为德国酒店业的行业协会制定了一般性商业条款，这些条款也适用于酒店与旅行社之间的合作。再比如，欧洲酒店业协会（HOTREC）和国际酒店及餐饮协会（IH&RA）和旅游经营者之间也有关于此类合作的框架协议。一些国家可以参考实施。

肢体语言（DE：Körpersprache；EN：Body language）

我们可以想象这样一幅画面：双臂交叉，一副僵化的表情——相信任何一位受到酒店前台员工如此接待的客人都会感到自己不受欢迎。相反地，开放和吸引人的姿势会给客人一种宾至如归的感觉。

我们知道，语言、句子和文本提供了实实在在的信息——但客人如何接收这些信息取决于一些非语言因素。来自酒店前台员工的小动作或某些姿势可以透露出性格和心情方面的诸多信息。

> 您知道"张开双臂欢迎某人"这句话吗？

消极

双臂交叉
- 对于女性：缺乏安全感和焦虑；
- 对于男性：消极和封闭

用指尖敲击接待台
- 不耐烦、紧张、挑衅

扬起眉毛从上往下看
- 打量、蔑视、不以为然

几乎没有目光交流
- 不感兴趣，谈话被认为是一种打扰

搓手
- 自满、冷漠、优越感

挠头
- 不确定、不知所措

盯着人看
- 傲慢、自负

僵化的面部表情
- 漠不关心、消极、保持社交距离

抿嘴
- 紧张、有压力

头向后，鼻子向上
- 傲慢、冷漠

积极

保持眼神交流
- 有兴趣、细心、招人喜欢

睁大眼睛
- 有兴趣、细心、友善、豁达

抿着嘴微笑
- 招人喜欢、有兴趣、友好

直立和开放的姿势
- 真诚、开放

身体略微前倾，头部略微倾斜
- 有兴趣、积极倾听、有和解诚意

微笑
- 积极的态度、友善、快乐

问候时握紧手
- 高兴、开放

用手势（掌示）向客人指路、描述尺寸等。

用您的面部表情来加持您所说的话。面部表情是非语言交流的一部分。喜悦、愤怒、恐惧、厌恶、悲伤、惊讶和蔑视等情绪可以反映在我们脸上。开放的眼神和迷人的微笑传达了乐观、诚实和信任。

注意：手势过于夸张会显得不自然，并会让对方感到不安。请用适当的手势表达您的开放和欢迎，使客人感到宾至如归。

尽管听起来不可思议，但在接听电话时要微笑。客人虽然看不到，但他能感觉到您的心情。

酒店前台员工应与客人保持合适的距离。您知道当他人身体过于靠近您的感受吗？您会感到自由受限制，有被逼迫感，在某些情况下，甚至会感到威胁。您的客人也会有同样的感觉。请注意与客人的身体的距离范围，与不熟悉的客人保持一米以上的距离。当酒店前台员工在接待工作台后面工作时，这个距离几乎是自动保持的。在其他情况下，例如，在客用电梯或狭窄的楼梯上，也应注意保持这个距离。请注意，始终让客人先行，以便他可以确定自己与员工的距离。

我如何确保正确的距离？

- 如果客用电梯太满，无法保持适当距离，那么酒店员工应等待下一部电梯。
- 在接触婴儿/幼童或宠物狗之前一定要问清楚，并确保不要超越距离范围。
- 在距离范围的话题上也存在文化差异。例如，在接待来自日本的客人时，请特别注意保持身体距离并避免身体接触。

> **这样做**

用声音让客人信服

我们的声音就像我们本人的行为一样会影响他人。为了尽可能显得真实可靠,请尝试找到您在不紧张且不要喘气的情况下说话的语气。

清晰的发音、合适的语速和适当的音量传达出专业能力、冷静和安全感。

得当的口语(不是太浓的方言,但仍然有该地区的典型特征)具有迷人的效果——艺术加工过的书面语言显得做作和不真实。

在某些情况下,句子中的重音、语调可能会改变所说的内容。无聊单调的语调让人昏昏欲睡。语调优美而抑扬顿挫的演讲会吸引人们的注意。但不要夸张!声音、语言、语调、音量和语速必须恰如其分。

为了让您的交谈对象能够跟得上您的讲话,必须要有停顿,这点也很重要。这有助于总结和强调谈话的重要内容。

信用卡(DE:kredit karte;EN:Credit card)

在酒店使用信用卡进行电子支付时,会自动检查有效性和信用(信用额度)。如果酒店账单金额超过限额,则必须通过电话向信用卡机构索取授权码。使用信用卡付款时,酒店必须向信用卡公司支付**手续费**。

信用卡和借记卡付款需通过终端代理结算,该代理将每天通过信用卡终端结算的金额在约定的时间转账给**酒店**。这些转账通常由会计(财务)部门监管。

通过信用卡付款需要双重身份验证。为此,客人必须至少使用以下三个要素中的两个来验证自己的身份:信用卡密码、信用卡有效性、进一步身份验证。

游客应纳税(DE:Kurtaxe;EN:Visitors'tax)

疗养型游客应缴纳疗养胜地的市政税,它由疗养委员会决定并支付给疗养管理部门。

酒店接待

L

最后时刻特价

至

廉价航空公司

最后时刻特价（DE/EN：Last Minute Rate）

最后时刻特价是指客人只能在某个很短的时间内（例如最早到店前三天）预订的价格，这个价格比较便宜。

洗衣服务（DE/EN：Laundry）

如果酒店有自己的洗衣房，除了整个酒店的换洗物品外，客人的换洗衣物也可以在洗衣房清洗。也可送到附近的洗衣店进行清洗。

客人可以让酒店洗和/或熨烫自己的衣服。根据价格标签法，这项洗衣服务的价格必须在房间内显示，通常在衣柜的洗衣单和**服务信息**文件夹中有显示。

客房内通常有一个洗衣袋，里面有洗衣单（具有复写功能）。如果客人希望使用洗衣服务，他/她写下所需的信息（例如姓名、房间号、待洗衣服的数量和类型、日期）并通知**前台**。前台员工会通知**客房部派人**去取洗衣袋。或者客人可以将洗衣袋放在客房内，清洁客房的员工会在打扫房间时带走它。

为了避免混淆，洗衣单上会注明衣物的数量和归还日期。洗衣单（通常多语种）包含了洗衣价格和损坏责任等描述。

> 根据客源市场而定，客人可能对这项服务的需求很大。来自阿拉伯国家的客人非常希望能有洗衣服务。

> 一些酒店也有自己的熨烫和干洗单。

休闲旅客（DE/EN：Leisure Traveller）

以休闲旅游为目的的游客。

大堂（DE/EN：Lobby）

当客人进入一家酒店时，他们首先抵达的是酒店大堂（酒店的大厅或门厅）。大堂的设计很大程度上决定了客人对酒店的第一印象，因此大堂设计装潢必须具有吸引力，并且要与酒店风格相匹配。此外，酒店大堂是酒店的社交中心。客人可以在这里与业务合作伙伴会面、等待出租车、向礼宾人员或前台工作人员进行咨询。

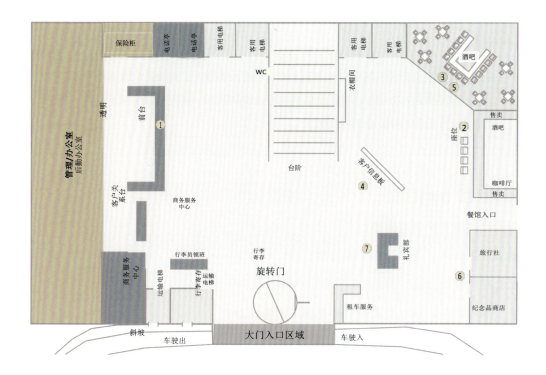

- 接待区设置办理入住和退房手续的前台。在一些酒店，入住手续在大堂非正式地办理。客人坐在舒适的座位上，领取迎宾饮料，前台员工使用平板电脑为其办理登记手续。
- 沙发区域可以让客人停留。此区域的优势是：舒适的沙发、零食售卖机或提供少量菜肴的酒吧将大堂变成像客厅似的公共区域，客人喜欢在这里享受舒适的感觉。
- 在大堂酒吧，客人可以享用咖啡或葡萄酒。
- 在联网的触摸屏或电脑屏上，客人可以了解有关景点或时间表等信息。
- 休息区设有咖啡厅、小酒馆和/或酒吧。
- 在大型酒店中，还有纪念品商店、小型商店、娱乐办公室和商务中心等。
- 员工从前台或礼宾台应该能够看到大堂、入口、电梯和楼梯。

> 欧式管理的酒店大堂易于管理，门童对进出的客人有很好的了解。相反的，在美式管理的大酒店中，很多附属业务都被整合到大堂里，这增加了管理的难度。

专家对此表示

● 酒店前台员工应以客人的视角有意识地观察酒店的大堂。从踏入酒店大堂开始完全客观地考虑客人对场所的看法：起草一份调查表并尝试找出成本低廉且容易改进的地方。在大多数情况下，并不需要付出很多努力，就可以给客人留下积极美好的印象。

意见调查表	是	否
我们的入口区域是否有吸引力？		
大门是否清洁并没有贴任何东西？		
陈列柜看上去怎么样，是否崭新而且清洁？		
设施状况良好吗？		
是否有吸引客人眼球的地方？比如为鲜花摆设感到惊喜？		
有什么东西看起来显得很糟糕吗？		
入口处的植物和花卉是否护理得很好？		
有没有客人感兴趣的商店？		
办理入住手续时是否为客人提供迎宾饮品？		
客用卫生间是否完好？		
行李房是否整洁有序？		
酒店各个区域的标识是否足够、清晰可见且设计统一？		
如果我是这里的客人，我会向其他人推荐我们的酒店吗？		

在大堂 / 大厅礼宾台工作的员工包括：

- 行李部领班（Bell captain）；
- 临时工（Baggageman 行李员、Porter 门房）；
- 行李员（Bellboy 行李员 /valet 泊车员）；
- 门童（Doorman）；
- 司机（轿车专职司机 Chauffeur，普通司机 Driver）；
- 首席礼宾司是礼宾部的负责人。

日志（DE：Logbuch；EN：Log book）

详见交接簿（Handover book）。

小时工（DE：Lohndiener；EN：Hired Servant）

小时工或行李员会将客人的行李运送到房间内。按照与酒店方的约定，他们也会承担楼层中的体力劳动。如果酒店没有自己的专职司机，他们也会跑腿或驾驶酒店自营的商务车。

法语 Bagagiste

失物招领（DE/EN：Lost and Found）

客人将个人物品遗留在酒店房间内的情况时有发生。这些物品大多是客房部员工在打扫房间时发现的。发现人员应立即向前台报告并上交发现的物品。

Lost and Found

> 小贴士
>
> 在奥地利，如果发现价值超过10欧元的遗失物品必须交给负责失物招领的机构。在德国，若发现价值超过10欧元的遗失物品，则必须向主管部门报告，酒店经营者必须妥善保管遗失物品。

客人遗留的物品只有在客人要求下才会还给客人。永远不要在没有被要求的情况下将遗留物寄给客人！

廉价航空公司（DE/EN：Low Cost Carrier）

廉价航空公司是指低成本低价的航空公司。这些航空公司以低于传统航空公司的价格提供服务。其提供的价格通常仅包含运输服务，而餐费、行李托运费等不包含在机票价格内，需由乘客选择附加的服务项目并进行额外支付。

酒店接待

M

存储代码

至

神秘顾客分析

存储代码（DE/EN：Mailing-Code）

酒店经常对酒店管理系统数据库中的客人数据进行定期维护更新，以此提供完整的客户资料。借助这些文件资料，可以为特定目标客户群体选择存储地址，并以约定的代码形式存储在系统中，该代码通常表示为三个字母缩写。

实例

WEL	=	保健度假者
SNO	=	冬季度假者/滑雪者
GOU	=	美食家
GOG	=	高尔夫＋美食家
WEI	=	葡萄酒旅行者
GUW	=	美食家＋葡萄酒旅行者

这些代码也可以进行组合过滤。

示例

对于高尔夫＋保健套餐的客人来说，喜欢选择所有具有如下特点的酒店：中国南方＋打高尔夫球＋保健消费＋短期停留。

值班经理 （DE/EN：Manager on Duty）

值班经理也可称为当班经理。当总经理不在酒店时，值班经理代表总经理接受客务。通常，该职位由不同部门负责人轮流担任。

在有客户关系经理的酒店中，由客户关系经理承担这项职责。

上呈经理的报表 （DE/EN：Manager Report）

详见每日结算报表（Daily Settlement Statement）。

市场营销（DE/EN：Marketing）

酒店间的竞争无时不在，客人总是不停地对比和寻找最优惠的产品和最具吸引力的价格。酒店也不断通过新的优惠来争夺客源。客人反过来又会仔细比较报价，期待他们的愿望得到满足。

市场营销是了解酒店业向哪个方向发展的重要辅助工具。全面的市场营销策略涵盖行业发展、社会变化以及竞争策略，目的是分析市场需求（洞察目标客户市场，将自身酒店有限的资源进行有效组合），让自己的酒店成为客户兴趣的中心，以便更高效地实现酒店目标，确保酒店的长期收益。

了解客人的需求 → 酒店根据客人需求进行相应调整 → 实现酒店目标 → 确保酒店长期成功

单凭酒店员工的态度和兴趣来推动酒店经营活动，从而带来好收益的作用是微乎其微的。为了酒店长期受益于营销活动，营销计划是至关重要的。市场营销是酒店经营管理的核心，决定酒店的经济效益与市场竞争实力，需要用正确的、符合市场实际需求的营销战略思路，指导酒店营销工作有计划、有步骤、有目标地进行。观测市场始终是与当前发展保持同步的好方法。然而，完全顺应潮流固然很好，但在设计优惠产品和服务时，客人的需求仍应是重点。

> 目标是比竞争对手更好地响应客人的需求。

酒店行业的营销就是服务营销。在服务营销中，重点是营销服务本身所提供的产品是与客户相关的非物质性产品。所提供的服务（如酒店入住）是否是个性化的服务，酒店需要对客人的特殊需求做出积极回应。

酒店的基本目标是确保酒店的长期生存和发展。为了实现这一目标，需要制定企业理念，包括愿景、使命、企业宗旨、企业文化、目标和战略。企业战略是为长远发展（超过五年）而制定的。

通过制定公司战略将整个公司的目标、愿景和措施具体化，这样它就成为未来公司运营的基础。这个理念是公司发展和行动的路线图，同时具有战略和运营两个层面。

愿景

愿景是指企业组织领导者与成员共同形成对企业未来预期的意向和设想。愿景是一种"信条"，使组织及其成员在面对混沌状态或结构惯性抗力过程中能有所坚持，能持续依循明确的方向、步骤与路径前进。愿景还涉及组织成员工作状态时的情感层面，每个成功的酒店经营者都需要用愿景来激励自己和员工。愿景是成功企业家最重要的驱动力。

愿景本来并没有任何具体的实施或可行性。在这个阶段还不需要具体的计划。那些让员工参与到他们的愿景中的人会鼓励员工提出自己新的、有创意的想法，一种对自己公司的归属感和共同责任感由此产生。关于愿景的制定没有现成方案。愿景可以是自发的想法和灵感的闪现，也可以是在与客人讨论或员工之间有针对性的头脑风暴中逐渐形成的想法，当然还有很多可能性。当传统做法受到质疑、创造或发现了新的有意义的东西时，就会形成新的愿景。

酒店的愿景应凝练成一到两句话。它必须以清晰、简单的形式为员工和客人所知。愿景必须展现公司多年后想要成为的样子。

愿景不是无用的梦想，而是对未来现实或新产品的内在想象。

示例

- 想象一个世界，在这个世界中每个人都可以免费分享全部知识（维基百科）。
- 您的微笑就是我们的工作（奥地利潮流酒店）。
- 世界上最大的连锁酒店与普通酒店隔街相望（最佳西方）。
- 成为世界旅行者的首选（希尔顿酒店集团）。
- 维也纳迷人的私人酒店（维也纳时尚酒店）。
- 萨尔茨堡是一个全年旅游目的地（萨尔茨堡州旅游局，2020年旅游战略计划）。

使命

　　使命是企业经营者确定的企业生产经营的总方向、总目标、总特征和总的指导思想,具体描述了组织在全社会经济领域里经营活动的范围或层次,它在社会中的作用是什么？它通过活动实现什么目的？酒店的企业使命主要考虑的是对酒店目标市场领域、特定客户在某些确定方面的供需关系的经济行为及行为效果,使命通常反映在企业宗旨的描述中。

企业宗旨

　　企业宗旨定义了企业的价值观和目标,以及应该具有的公司工作原则。例如,在企业宗旨中阐述如何与他人合作,以及如何与其他公司合作、如何与客人交流和沟通等。

　　企业宗旨为所有管理层的决策提供了框架。它影响着企业家、管理层和员工对环境的态度,以及其经济、社会和生态责任。

城市酒店的企业宗旨例子

　　多姆布里克酒店是一家四星级城市酒店,以其最佳**入住率**吸引了两个目标群体:散客和商务客。我们以传统价值观和引领潮流的话语来吸引我们的客人。

　　在日常工作中,我们酒店的管理人员和员工,应该树立顾客至上的服务意识和行为准则,并将其作为日常工作的座右铭。公司的盈利能力也将通过以客人和员工为导向的管理风格来保障。

　　我们的客人应该在我们的酒店里体验友好周到的服务,以及无可挑剔的干净房间。为了满足客人不断变化的期望,我们准备开辟新路径,收集客人和员工的所有想法、建议。我们的目标是使酒店服务再上一层楼,让客人感到惊喜,从而成为酒店的常客。

　　我们与供应商、代理机构和其他合作伙伴保持面向未来的长期关系,以实现互惠互利。

　　在我们的酒店,员工是最重要的资产。为了让员工以最佳方式做好工作,酒店会持续提供培训。通过定期的部门会议,我们确保为所有员工提供良好的讨论氛围和最新信息。

每家公司都是独一无二的。企业鲜明的个性化风格称为 企业形象（CI）。

企业形象的目的是打造品牌，代表公司的目标、理念、行动和表现，旨在传递企业特点。

请您想想：是什么让您的酒店与众不同？

> **小贴士**
>
> 品牌标志着公司的"面子"。产品或服务通过品牌名称和/或徽标进行标识，这就是产品在竞争中脱颖而出的方式。品牌的标准有独立性、耐用性和变化性，它具有信息、情感和记忆价值。
>
> 品牌名称应简洁，并通过信息效应吸引注意力。品牌设计形式可为特殊符号，如公司徽标或字母等文字。与文字商标相比，图形商标的优势在于它更快、更容易理解和识别。

营销理念

实现业绩目标的关键是良好的营销理念，并采取循序渐进的方法。首先，必须确定目标市场的需求和愿望——以便在下一步中满足它们，从而在客人满意度方面轻松超越竞争对手。为了符合市场和客户的需求，营销理念必须根据市场环境进行精确规划和量身定制。

现状分析

想实现目标，就必须知道起点在哪里。因此，在确定营销目标之前，必须先对公司的现状进行 SWOT 分析，以发现公司的优势和劣势，以及面临的机会与威胁。

- 产品和价格分析（内部分析）：这个题目已经告诉我们要做什么——做产品报价分析时要仔细检查公司的报价。

核心问题举例如下：

当前营运的产品包括哪些？

哪些产品最受客人欢迎？

目前的市场份额如何？

期望达到的市场份额是什么样的？

公司可以专攻哪里？

公司以及产品的优势和劣势是什么？

谁是 目标群体？

我们还想开拓哪些目标群体？

为了能够回答以上问题，需要开展宾客意见调查与评估，并分析客户对酒店的线上评价（例如，携程、飞猪和一些在线旅游平台）。

· 市场分析：这主要是关于竞争对手的分析，即与市场上同等竞争对手的比较。但您也应该查看您所在地区／城市的市场数据（例如过夜人数、抵达人数、客人逗留时间、客人国籍、在线评分等）。

· 趋势分析：一切将会向哪个方向发展？

酒店业务的营销策略

为了留住酒店常客并吸引新客人，酒店必须不断开发吸引目标群体的新产品。因此，了解当前的旅游趋势显得尤为重要。

我们不必追随每一个潮流。但也许有的恰好适合您的酒店？

旅游趋势与营销

- **数字排毒**：在日常生活中，很多人总是与手机、平板电脑和笔记本电脑形影不离。"数字排毒"，专注于放松和放缓速度，以及有意识地放弃对网络的过度依赖，用酒店产品引发客人的兴趣。
- **商务**：商务旅客有特殊需求。针对目标群体的产品应考虑到这部分旅客。这些旅客对在线办理入住手续等产品很感兴趣。
- **独自旅行的女性**：越来越多的女性独自旅行。单身酒店、为独自旅行的女性提供的特殊女士套餐酒店，或为独自带孩子旅行的成人提供产品的酒店，都考虑到了这一趋势。
- **互联网作为预订工具**：如今拥有自己的官方网站（官微）几乎是酒店必备，酒店还应在互联网上销售所有服务和套餐。
- **社交媒体**：许多客人从互联网上了解想要的住宿信息。在很多地区，网上社区的评论取代了旅行社提供的目的地图片、星级评级和建议。业界应对此做出反应，对提供的产品进行专业和实事求是的介绍，并开展适当的品牌声誉管理。社交媒体平台被广泛用作营销渠道（例如，酒店经营自己的账户或与博主合作）。

在制定营销策略时，定义酒店的独特卖点尤为重要。为此应区分：

·战略成功定位，是使公司与众不同的独特卖点，它具有一种真正独一无二的特性，因此无法被其他人复制（例如特殊的历史或独特的美食，例如由世界著名建筑设计师贝聿铭进行概念设计，国家原主席杨尚昆奠基，一代伟人邓小平题写店名的中国首家白金五星级酒店——广州花园酒店，又因其具有多家米其林星级餐厅被誉为美食酒店）。

·独特卖点（Unique Selling Proposition，USP），也称为名副其实的客户优势，是产品性能明显从竞争中脱颖而出的特征。

营销工具和营销组合

营销工具和营销组合是酒店用来实现营销目标的工具。

营销工具（也称为 4P），分别是：
- 产品（product，服务和产品政策）；
- 价格（price，价格政策）；
- 地点（place，分销或销售渠道）；
- 推广（promotion，宣传和促销）。

这四个领域的协调组合被称为最基础的营销组合。

服务和产品政策（Service & Product policy）

在正确的时间，以正确的方式，向所需（正确）的目标群体推销正确的产品，这是酒店业好的产品政策。

酒店业的目标群体/客户群体是指具有共同旅行动机或特征或需求的客人，并为这些目标群体创建新产品。目标群体可分为休闲旅客、商务旅客、高尔夫球爱好者、单身人士、家庭旅客等等。

在确认客人属于哪个目标群体后，酒店将客人归类到客人档案中的一个或多个目标群体中。通过这种方式，酒店可以为客人提供量身定制的产品和服务。目的是通过对所有客户数据的最佳记录和评估，直接了解客户和客人的需求。只有这样，酒店才能准确地为其目标群体开发产品和套餐，然后直接进行营销。

价格政策（Pricing policy）

价格往往是顾客购买的决定性因素，一般来说它是一个强大的营销工具。

示例

尽管奢侈品市场仍在增长，但与所有其他客户群体一样，人们有着非常明显的性价比意识。客人进行比价——互联网使比价变得更加容易。通过新的销售渠道（例如在大型超市做促销、改变物流和价格定位，通过大型超市提供酒店住宿预订等方式作为附加的营销手段），这样可以用更具吸引力的价格接触到低收入阶层的客人。

分销或销售政策（Distribution policy）

这是关于分销渠道和销售的问题。客人如何才能预订酒店的产品？较大的酒店有<u>销售部</u>；而在中小型酒店，一些销售业务由<u>前台</u>的工作人员接管。这些任务包括：
- 创建必要的销售和促销文案；
- 与<u>旅行社</u>、入境接待机构、公司和其他销售合作伙伴洽谈合作；

- 无论目标客户在本地还是在外地，都可以通过电话、直接邮寄、发送邮件、社群营销等方式进行销售；
- 更新客人档案，电话销售时令产品；
- 参加<u>展览会等促销</u>活动。

传播政策（Communication policy）

传播政策是指向客户以及内部员工介绍有关运营和当前产品等信息的措施。其最重要的措施为<u>广告</u>、<u>公共关系</u>、推介促销和赞助。

客户关系管理（CRM）

通过有针对性的<u>客户关系管理（CRM）</u>，可以更好地考虑客人的愿望和期望。客户关系管理在结构化数据库和结构清晰的销售和服务流程的基础上，跨部门整合和设计所有与客户相关的计划。<u>前台员工</u>通常是客人提出问题和要求时最重要的接触者，因此这些员工在客户忠诚度方面发挥着核心作用，他们需要认真维护客人的资料。酒店管理系统中的客户关系管理应用程序有助于建立目标客户数据库。

直接营销（Direct Marketing）

直接营销包括直接与（潜在）客人联系，并提示他们做出回应的措施。直销是最直接的销售形式。在直接营销中，不写统一的标准信函，而是按照所属的特定目标群体/客群量身定制个性化的信函。发送广告邮件时，必须遵守我国的数据保护相关条例的规定。

数据库营销（Database Marketing）

数据库营销是指借助存储在数据库中的客户信息进行的营销。可以选择不同的客户群，并向他们发送适合他们兴趣的信息和广告材料。

网络营销（Webmarketing）

现在，大约55%的在线买家通过数字渠道预订旅游服务。网络营销是酒店业依赖一种或多种互联网商的销售渠道。网络营销的渠道选择是多种多样的，可以是公司官网、OTA（线上旅行社），也可以是各种比价和预订的平台。

加价（DE/EN：Mark-up）

加价是指房费（净价）的附加费，例如，对于线上旅行社，净价上加一定金额或百分比来报出价格。

示例

线上旅行社为酒店的房间支付每间200元，并以每间250元的价格出售，加价为每间50元或25%。

入住登记准则（DE：Meldegesetz；EN：Registration rules）

为保护客人和住宿企业权益，不同的国家、地区制定了相应的法律规定。虽然对于住宿登记，不同地方处理方式有所不同，但原则上规定的目的是相同的。

入住登记的官方原因

在绝大多数国家，客人必须立即填写住宿登记表，酒店最迟在客人到店后24小时内，向当地有关部门上报。

旅游趋势与营销

- 尽管入住登记的法律基础是相同的，但各个国家的法律文本存在差异。
- 联邦登记法适用于德国。
- 在意大利南蒂罗尔，住宿企业必须在客人到店后24小时内以电子方式登记客人证件。在瑞士各州的具体规定和运作方式各不相同。研究南蒂罗尔或瑞士登记法的最佳方式是通过互联网或向市政当局查询。
- 在中国，根据《旅馆业治安管理办法》，旅馆接待旅客住宿必须登记。登记时，应当查验旅客的有效身份证件，按规定的项目如实登记。接待境外旅客住宿，还应当在24小时内向当地公安机关报送住宿登记表。

登记信息包含国籍等统计数据，如抵达人数和过夜人数等，通过发送客人登记表或通过酒店和相关部门之间直接的电子数据连接系统进行登记信息上报。

旅行团

在大多数国家，如果导游提供旅行团成员的详细信息，并提供带有成员国籍的名单，则旅行团的成员可免除登记义务。对于外国客人，该名单还必须包含旅行证件的类型、证件号、签证信息和签发机关。此规则仅适用于旅行团在同一住宿酒店中集体住宿不超过一定时段的情况。

> **小贴士**
> 旅行团的定义各有不同，例如在奥地利八人起算旅行团，在中国和德国则有所不同。

长期居住

如果客人以及酒店的员工在酒店居住的时间较长，她/他也必须在登记机关登记。为此，不同的国家有不同的规定，例如在瑞士，员工必须立即向相关政府部门报告。在奥地利，这种情况下应填写长期居住登记表而不是酒店临时客人登记表。

违反登记义务的后果是什么？

通常，作为住宿企业的所有者或代理人，如果违反国家的登记义务，则属于行政违法行为，会被进行相应处理。

备忘录（DE/EN：Memo）

备忘录是记录简要信息的一种形式。它是交接班时部门内部信息交接并传递给其他部门的记录着简要信息的文本。

备忘录也可用于活动的组织。活动的关键信息记录在活动安排表中，各个部门的详细信息可记录在各自部门的工作备忘录中。

菜单（DE：Menükarte；EN：Menu Card）

菜单用于宴会、公司晚宴、婚礼和公司庆典等活动中。

> 活动安排表上填写所需房间的数量和类别，而客人的特殊要求或更改的入住和退房时间以备忘录的形式注明。

菜单类型

- **每日菜单卡**
  每日菜单卡包含全天提供的菜单。它也可以由午餐菜单和晚餐菜单组成。
- **午餐菜单卡**
  午餐菜单卡通常包括三到四道菜,这些是现成的菜肴,也可以作为每日菜单上的单点菜肴提供。
- **晚餐菜单卡**
  晚餐菜单卡通常比午餐菜单卡有更丰富的菜肴,因为客人通常在晚上才有更多时间从容地享用美食。
- **夜宵菜单卡**
  这是在晚上10点左右开始提供的便餐。这项夜宵服务应该是针对在晚间活动(例如去过剧院)后想吃点东西的客人。
- **选择菜单卡**
  客人有机会从多个菜品中选出心仪的几道菜。

或者您可以建议深夜饿了的客人通过客房服务点餐。

一个简单的菜单可以是一张纸,在上面按菜单顺序,列出菜肴。菜单卡末尾也可列出可供选择的饮品。完整的菜单卡还需要补充就餐地点、日期和场合。

带有插页的折叠菜单卡常用于特殊场合,由带有公司信息、菜品或场合说明的封面和插页组成。菜品列在右侧,配菜和饮品列于左侧。同时,可列出用餐地点、日期和可能的需求。菜单卡的结构采用习以为常的现代菜单顺序。

简单菜单	扩展菜单	精品菜单
冷开胃菜或汤	冷开胃菜	美食(开胃菜)
肉类或素食主菜(可配酱汁)	汤或热开胃菜	冷开胃菜
	鱼	汤
蔬菜配菜或沙拉配菜	肉类或素食主菜(可配酱汁)	热开胃菜
富含碳水化合物的配菜	富含碳水化合物的配菜	鱼
甜点(热的或冷的)	乳酪	冰饮(冰糕)
	甜点(热的或冷的)	肉类或素食主菜(可配酱汁)
		蔬菜配菜或沙拉配菜
		富含碳水化合物的配菜
		奶酪(奶酪小车)

经典形式

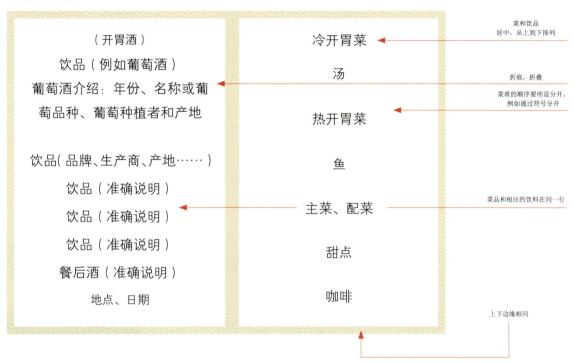

现代形式

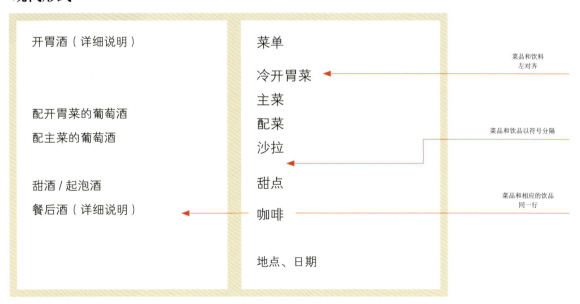

带配菜的菜品说明顺序

雷司令酱煎福斯尔湖红点鲑鱼　　　　　　　　　　主菜、酱汁
夏季菜园蔬菜　　　　　　　　　　　　　　　　　配菜
混合沙拉菜　　　　　　　　　　　　　　　　　　配菜沙拉

经销商模式（DE：Merchant-Modell；EN：Merchant models）

一些全球分销系统还向最终用户销售产品。它们通过互联网平台直接与酒店合作。它们就好像是"虚拟旅游经营者"，在酒店提供的净价基础上加价 12% 至 32.5%，然后以这个总价向最终消费者销售。这种价格体系称为经销商模式。

展会（DE：Messe；EN：Exhibition）

开办相关专业展会是向目标人群或行业展示酒店的好机会，因为可以与新客人和旅游经销商进行初步接触。

- 旅游和旅行展会，例如：广交会、维也纳假日展会等；
- 针对特定群体的展会，例如：婚庆展会、运动展会、休闲展会等；
- 面向专业群体的行业展会，例如：青岛举行的"青岛啤酒节"主题展会、中国国际旅游交易会等。

会议、奖励、大型会议和展览（MICE DE/EN：Meetings, Incentives, Conventions and Exhibitions）

MICE 代表会议、奖励、大型会议和展览。该术语包括以参加大会、展会或会议为目的的商务旅行，以及奖励旅行。MICE 涵盖商务会议或奖励性旅行的组织和实施。

最短住宿时间（DE：Mindestaufenthaltsdauer；EN：Minimum Length of Stay）

最短住宿时间是指酒店规定了客人预订的最短居住时间。最短住宿时间是按客人在酒店住宿的房晚数计算。酒店通常会规定最短住宿时间，以便更好地规划和保证入住率。在价格特别优惠的情况下，最短住宿时间通常是预订条款的一部分。

迷你吧（DE/EN：Minibar）

经典的迷你吧，是指酒店客房内的小冰箱，是很受客人欢迎的。客人可以随时享用小吃和饮品。对于酒店来说，迷你吧是一种不引人注目的额外增销方式。

但是管理迷你吧是一个挑战：通常需要花费大量精力来管理、控制和计算客人的消费，因此一些大型酒店在房价中包含统一价格和无限使用，以避免单独计费。

迷你吧的费用结算

迷你吧的消费结算是一个棘手的问题，似乎还没有找到真正圆满的解决方案。迷你吧系统有多种计费方式。传统做法是，在预先打印的表格上记录消费的饮料和零食并结算。如果客人从迷你吧消费了一些东西，他会在表格中填写。客房部的员工将填写信息与迷你吧中的剩余物品进行对照，并将消耗情况报告给前台。前台员工再将客人的消费记入客人账单。

但是实际消费通常只能在退房后才能确定，因此一再发生迷你吧的结算不准确现象。此外，前台员工无法得知最后一晚的消费情况，这就是为什么客人在结账时要被问及这一令人厌烦的问题，即客人是否从迷你吧有过消费。

优点	缺点
低购置成本	需要人员维护
无需电子数据处理网络	销售数据不准确

除了传统的方式外，还有一些先进的计费装置，迷你吧终端能自动记录客人所取物品，并将消费记到客人账单上。然而该装置非常昂贵。

优点	缺点
通过这种记录方式，您可以准确知道哪个房间消耗了哪些货品。 迷你酒吧只需要很少的人员成本就可以实现货品供应补给。	高购置成本，与收入相比通常投入过高。

迷你吧的替代品

由于维护迷你吧所需要的人员和管理成本相对较高，因此许多酒店现在正在转向替代品。迷你吧的替代品是超大容量吧，也就是楼层或大堂里装满了各种饮料和零食的自动售卖机。在许多情况下，诸如牙刷或客用拖鞋等客用设施也可以成为自动售货机的商品。替代迷你吧的另一种方法就是提供送餐服务，或在前台出售小吃、饮料和宾客用品。

> **专家对此表示**
>
> ● 可以采取巧妙的方式，告诉客人大堂有饮料和零食自动售卖机，例如，在房间里放置巧克力或一瓶免费矿泉水，并附上相应的通知。

通知单（DE：Mitteilungsblatt；EN：Newsletter）

有时客人会接到电话、邮件或有访客，但他们恰好不在酒店。酒店可以用通知单的方式留言给客人，通知客人留给他的消息或包裹等。将填写好的通知单放入信封，摆放在客房的托盘上。

另一种可能的方法是通过客房的电视/各类显示器/电话留言甚至客人的手机通知客人。客人也可以在房间里使用客房电视、房间内的智能中控设备或者手机办理快速退房手续。

由于采用了在线入住和退房或使用钥匙卡进入酒店，这种数字化技术的使用减少了客人与前台之间的直接接触。另一方面，通知单（无论是数字的还是模拟数字的）重新广为流行，因为这是一种既简单又有效的接触客人的方式。

最短入住时间（DE/EN：MLOS（Minimum Length of Stay））

详见最短住宿时间（Minimum Length of Stay）。

移动支付（DE/EN：Mobile Payment）

移动支付是一种使用手机或平板电脑等移动终端设备的电子支付方式。

早间邮件（DE：Morgenpost；EN：Morning post）

宾客邮件或早间邮件会在早餐时——通常以纸张或在线文件夹的形式——通知客人一整天的活动安排。

这样做

送达宾客邮件的形式和内容必须与酒店形象相匹配。例如，康养酒店可以推荐特殊治疗，而以徒步为特色的酒店可以介绍所提供的特定主题的导游服务。信息内容应针对目标群体，例如关于儿童菜单或餐厅的晚餐菜单。

关于宾客邮件内容的建议
- 酒店标志。
- 日期（20××年6月30日）和当天的天气情况。
- 您目前所在的城市有什么新闻？
- 今天酒店为您安排的文旅/文娱活动项目：……
- 这是今天为您的孩子安排的项目：……
- 我们的主厨今天特地为您烹饪……为此我们的侍酒师向您特别推荐……
- 今天您有什么计划？

早间邮件最好有固定的设计布局，文本和图片都有指定区域。在这种情况下，易于复制的格式是最理想的，便于酒店每天更新第二天清晨的早间邮件。此外，邮件的设计也应便于阅读，例如将A3或A4纸双面印刷，A3纸折成A4纸或A4纸折成A5纸。

汽车旅馆（DE/EN：Motel）

"汽车旅馆"这个词是发动机和酒店的组合。这是一种起源于美国的住宿类型，主要位于高速公路旁边。汽车旅馆通常价格低廉且陈设简单。客人可直接从外面进入客房，客房正前方设有停车位。

神秘顾客分析（DE/EN：MYGA（Mystery Guest Analysis））

神秘顾客分析是评价酒店服务质量的一种方式。由神秘客人以匿名的方式根据酒店服务标准对酒店进行评估。参与测试的客人应当与酒店没有任何关系，从而能完全客观地做出评价。应该由多个测试人员测试同一家酒店并评估酒店设备、产品和服务的质量。

大型酒店咨询公司可以提供有资质认可的神秘检查员、酒店试睡员或酒店品评家来测试酒店，这种服务称之为神秘质量检测。按照规定的标准单独进行酒店服务质量的检查，也属于这类服务。接受测试的酒店最终会收到一份报告，其中包括照片文档、优势和劣势分析以及需要改进的方面。

这一方法非常客观，适用于在重复评估中获得统计值。

索引

中文	德文	英文	页码
退房客人清单	Abreiseliste	Departure guest list	002
取消预订	Absage	Cancellation	002
平均每日房价	ADR（Average Daily Rate）		003
预售价	Advanced Purchase Rate		003
酒店业一般条款	AGBH		004
航空公司机组人员	Airline Crew		005
定金	Akonto	Deposit	005
报警装置	Alarmanlage	Alarm System	006
一价全包	All Inclusive		006
配额	Allotment		006
问询	Anfrage	Inquiry	006
报价	Angebot	Offer	010
文体娱乐活动	Animation	Entertainment	015
到店	Anreise	Arrival	016
到店名单	Anreiseliste	Arrival guest list	017
回复表格	Antwortformular	Inquiry Reply Form	018
押金	Anzahlung	Deposit	018
酒店式公寓	Appartment		018
平均房价	ARR （Average Room Rate）		018
公示员工权利义务	Aushangpflichtige Gesetze	Employee Rights and Obligations	019
入住率	Auslastung	Occupancy	019
企业对企业	B2B（Business-to-Business）		021
企业对消费者	B2C（Business-to-Customer）		021
企业对团体	B2T（Business-to-Team）		021
后台办公室	Backoffice		021
后区	Back of the House		022
行李员	Bagagiste	Baggage handler	023
宴会	Bankett	Banquet	023
宴会部	Bankettabteilung	Banquet Department	024
最优惠价格	BAR（Best Available Rate）		025
现金垫付	Barauslage	Cash advance	025

167

中文	德文	英文	页码
现金支付	Barzahlung	Cash payment	026
迎宾问候	Begrüssung	Greeting	027
侍者	Bellboy		028
礼宾领班	Bell captain		028
基准	Benchmark		028
工作服	Berufsbekleidung	Workware	028
投诉处理	Besch werdemanagement	Dealing with complaint	029
最优惠价格	BEST AVAILABLE RATE		037
最佳弹性价格	BEST FLEXIBLE RATE		037
特惠房	BEST-PRICE-ZIMMER	BEST-PRICE-ROOM	037
广告牌效应	BILLBOARD-EFFEKT	BILLBOARD-EFFECT	037
消防	Brandschutz	Fire Control	037
总价	Bruttorate	Total grossrate	040
预订	Buchung	Booking	040
自助餐	BUFFET		040
商务中心	Business Center		041
商务旅客	Business Traveller		041
餐饮服务	Catering		043
中央预订系统	Central Reservation System		043
渠道管理	Channel Management		043
入住	Check-in		044
退房	Check-out		049
鸡尾酒会	Cocktail party		052
礼宾	Concierge		053
礼宾台	Concierge Counter		054
保密价格	Confidential Rate		054
连通房	Connecting Rooms		055
大会	Convention		055
会议办公室	Convention Bureau	Convention Office	055
企业形象	Corporate Identity		055
公司协议价	Corporate Rate		056
中央预订系统	CRS		057
客户关系管理	CRM（Customer Relationship Management）		057

中文	德文	英文	页码
中国饭店协会	CHA（China Hospitality Association）		061
数据库营销	Database Marketing		064
数据保护基本条例	Datenschutz-Grundverordnung	Basic regulations of data protection – privacy	064
借记卡	Debitkarte	Debit Card	065
应收账款	Debitor	Account Receiable	065
保管服务	Depot	Safe custody for valuables	066
目的地	Destination		066
排班计划表	Diensplan	Duty roster	067
直接预订	Direktbuchung	Direct booking	067
直接营销	Direktmarketing	Direct marketing	068
手续费	Disagio	Bank service charge on credit and debit cards	069
折扣价	Discounted Rate		069
门童	Doorman		069
双人房	Doppelzimmer	Double-bed room	069
双向确认	Double-Opt-in		069
三床房	Dreibettzimmer	Three-bedded room	070
虚拟房间	Dummy-Zimmer	Posting Master	070
早鸟价	Earlybird Rate		072
单人间	Einzelzimmer	Single room	072
电子邮件	E-Mail		072
行政助理经理	Executive Assistant Manager		074
行政管家	Executive Housekeeper		074
旅行代理商	Expedient	Travel Agent	074
散客价	FIT Rate		076
固定成本	Fixkosten	Fix Cost	076
服务员传递的自助餐	Flying Buffet		076
后续工作	Follow-up		076
餐饮部门	Food-and-Beverage-abteilung	Food & Beverage Dept	077
餐饮部经理	Food & Beverage Manager		078
订单预测	Forecast		078
前台	Front desk		079

中文	德文	英文	页码
前厅部门	Front office		080
前厅经理	Front Office Manager		081
酒店前厅	Front of the House		083
含早餐的住宿	Frühstückspension	Bed & Breakfast	084
酒店活动功能表	Function sheet		084
失物招领登记簿	Fundbuch	Lost and Found log	086
客户意见调查	Gästebefragung	Questionnaire Survey	088
宾客服务	Gästebetreuung	Guest Service	093
对客服务信息	Gästeinformation	Guest information	101
客户档案	Gästekartei	Guest folio	103
客人信息登记表	Gästeverzeichnisblatt	Guest registration form	105
住客报纸	Gästezeitung	In-house guest newspaper	106
乡村旅馆	Gasthof	Country house	106
客人账单	Gastrechnung	Guest billing	106
总经理	General Manager		109
代金券	Geschenkgutschein	Coupon	110
全球分销系统	Global Distribution System		110
双人床	Grand Lit	Twin bed，King/Queen size	111
仪容标准	Grooming Standards		111
团队价格	Group Rate		113
客用品	Guest Amenities		113
娱乐中心	Guest Entertainment Center		114
宾客关系经理	Guest Relations Manager		114
危害分析关键控制点	HACCP		116
女管家	Hausdame		116
酒店工程部门	Haustechnik	Engineering Department	116
宠物	Haustiere	Pet	116
招待所	Hostel		117
酒店	Hotel		117
酒店评价	Hotelbewertung	Hotel review	118
只提供住宿和早餐的旅馆	Hotel Garni	Hotels only provide accommodation and breakfast	118
酒店大堂	Hotel Halle	Hotel lobby	119

中文	德文	英文	页码
酒店评级	Hotel klassifizierung	Hotel rating	119
瑞士酒店协会	Hotellerie Suisse	Swiss Hotel Association	119
中国旅游饭店业协会	CTHA（China Tourist Hotel Association）		120
酒店软件	Hotel-Software		120
酒店星级联盟	Hotelstars Union		120
欧洲酒店、餐厅和咖啡厅协会	Hospitality Europe，HOTREC（欧洲酒店协会）		122
酒店客房部	Housekeeping Department		122
国际航空运输协会	IATA（International Air Transport Association）		124
德国酒店协会	IHA（German Hotel Association）		124
奖励	Incentive		124
境内代理机构	Incoming-Agentur	Inbound agency	124
信息栏	Information skamm	Information index	125
国际游客	Internationale Gäste	International Guest	125
网上分销系统	Internet Distribution System		125
青年旅舍	Jugendherberge	Youth hostel	127
小型套房	Junior Suite		127
现金簿	Kassabuch	Cash book	129
收银员	Kassier	Cashier	129
关键数据	Kennzahl	Key Figure	129
大客户经理	Key-Account-Manager		132
房卡	Keycard		133
关键指标	Key Indicator		133
关键业绩指标	Key Performance Indicator		133
儿童	Kinder	Children	134
特大床	King-size bed		134
制服	Kleidung	Uniform	134
佣金	Kommission	Commission	136
会议	Konferenz	Conference	136
大型会议	Kongress	Congress	136
配额/定量	Kontingent	Quota	137
定量合同	Kontingentvertrag	Agreement of Quota	137
合作协议	Kooperationsabkommen	Cooperation Agreement	139

中文	德文	英文	页码
肢体语言	Körpersprache	Body language	140
信用卡	kredit karte	Credit card	142
游客应纳税	Kurtaxe	Visitors'tax	142
最后时刻特价	Last Minute Rate		144
洗衣服务	Laundry		144
休闲旅客	Leisure Traveller		144
大堂	Lobby		144
日志	Logbuch	Log book	147
小时工	Lohndiener	Hired Servant	147
失物招领	Lost and Found		147
廉价航空公司	Low Cost Carrier		147
存储代码	Mailing-Code		149
值班经理	Manager on Duty		149
上呈经理的报表	Manager Report		149
市场营销	Marketing		150
加价	Mark-up		157
入住登记准则	Meldegesetz	Registration rules	157
备忘录	Memo		159
菜单	Menükarte	Menu Card	159
经销商模式	Merchant-Modell	Merchant models	162
展会	Messe	Exhibition	162
会议、奖励、大型会议和展览	MICE（Meetings, Incentives, Conventions and Exhibitions）		162
最短住宿时间	Mindestaufenthaltsdauer	Minimum Length of Stay	163
迷你吧	Minibar		163
通知单	Mitteilungsblatt	newsletter	164
最短入住时间	MLOS（Minimum Length of Stay）		165
移动支付	Mobile Payment		165
早间邮件	Morgenpost	morning post	165
汽车旅馆	Motel		166
神秘顾客分析	MYGA (Mystery Guest Analysis)		167